KB043083

THINK PINK

여자아이는 정말 핑크를 좋아할까

THINK PINK
여자아이는 정말 핑크를 좋아할까

초판 1쇄 발행 2018년 2월 5일

지은이 호리코시 히데미
옮긴이 김지윤
펴낸이 박정희

책임편집 양송희 **편집** 이주연, 이성목 **디자인** 하주연, 이지선
관리 유승호, 양소연 **마케팅** 김범수, 이광택 **웹서비스** 백윤경, 김설희

펴낸곳 도서출판 나눔의집
등록번호 제25100-1998-000031호
등록일자 1998년 7월 30일

주소 서울시 금천구 디지털로9길 68, 1105호(가산동, 대륭포스트타워 5차)
대표전화 1688-4604 **팩스** 02-2624-4240
홈페이지 www.ncbook.co.kr / www.issuensight.com
ISBN 978-89-5810-363-9(03300)

이 도서의 국립중앙도서관 출판예정도서목록(CIP)은 서지정보유통지원시스템 홈페이지
(http://seoji.nl.go.kr)와 국가자료공동목록시스템(http://www.nl.go.kr/kolisnet)에서
이용하실 수 있습니다. (CIP제어번호: CIP2018001754)

• 책값은 뒤표지에 있습니다.
• 잘못된 도서는 구입하신 서점에서 교환해 드립니다.

호리코시 히데미 지음 김지윤 옮김

나눔의집

CONTENTS

일러두기

1. 추가 설명이 필요하다고 판단된 부분은 각주를 달아 내용을 덧붙였습니다.
2. 장편 도서명 · 잡지명은 《 》로, 단편 도서명 · 논문명 · 영화 제목 · 애니메이션 제목 · 드라마 제목 · 노래 제목은 〈 〉로, 브랜드 명 · 전시회 명은 ' '로 표시했습니다.
3. 지명 및 외래어는 관례로 굳어진 것을 빼고, 국립국어원의 외래어 표기법과 용례를 따랐으며, 외국 브랜드 명은 공식 홈페이지에 나온 표기법을 따랐습니다.

내 딸이 핑크별에서 온 외계인이 될 줄이야.

'여자아이의 색은 핑크'라고 은근히 밀어붙였었나 보다. 태어나면 뭐든지 스스로 고르게 해주고 싶다는 생각으로 키운 첫째 딸은 세 살이 채 되기 전부터 핑크색에만 관심을 가지게 되었다. "앞으로는 여자도 활발하게 사회생활을 하는 시대가 될 테니까 자주성을 존중해줘야 해!" 하면서 자유롭게 옷을 고르게 한 결과, 하야시야 페*처럼 전신을 핑크색으로 휘감고 의기양양하게 거리를 활보하는 딸을 쫓아다니고 있다.

그런데 딸을 키우는 엄마들에게 물어보니 다들 비슷한 일을 겪고 있었다. 해외 뉴스 사이트에서도 어린 딸이

* 하야시야 페林家ペー(1941~), 일본의 탤런트이자 만담가 · 사진가다. 상하의 모두 핑크색 옷을 입고 다니는 등 유별난 핑크 사랑으로 유명하다.

핑크색에 빠지는 것에 대한 우려의 목소리가 끊이지 않았다. 나의 당혹감은 글로벌한 것이었나 보다. 〈핑크 글로벌리제이션〉이라는 제목의 논문까지 나와 있을 정도니 말이다.

동서양을 불문하고 여자아이들은 태어나서 3~4년이 지나면 대다수가 핑크색에 빠져든다. 엄마가 올 블랙을 사랑하는 블랙 마니아라 할지라도, 칙칙한 색의 옷만 입는 통통한 아줌마라 할지라도 딸들은 아랑곳하지 않는다. 기억을 더듬어보면, 내가 어릴 적에도 여자아이를 위한 핑크색 상품이 있긴 했다. 하지만 요즘처럼 이 정도로 온통 핑크에 둘러싸여 있지는 않았던 것으로 기억한다. 요술공주 세리, 헬로키티, 들장미 소녀 캔디……. 나의 어린 시절 소녀문화는 대개 빨강과 하양으로 채워져 있었다.

딸을 낳고 난 후에 깨닫게 된 것인데, 서점의 아동 잡지 코너는 완전히 핑크라고 해도 좋을 정도로 핑크색으로 물들어 있다. 《풋치구미*》, 《타노요 히메구미**》, 《오토모

* 유치원생과 초등학생을 대상으로 하는 소녀만화와 각종 정보를 수록한 잡지로 쇼가쿠칸에서 2006년부터 발행되고 있다.

** 유치원생과 초등학생을 대상으로 2007년부터 고단샤에

다찌 핑크*》 등 핑크를 전면에 내세운 여아용 잡지들은 모두 2006~2007년에 창간된 것이다. 옛날에는 유아 잡지라고 하면 남자아이들이 좋아하는 전대물**이 대부분의 페이지를 차지하고, 여자아이들을 위한 콘텐츠는 기껏해야 구색 맞추기 수준이었다. 하지만 딸아이가 졸라서 몇 번 사준 요즘 잡지는 애니메이션 〈프리큐어〉의 스티커와 퍼즐, 리카짱인형의 헤어 카탈로그와 패션&메이크업 정보가 실려 있었다. 어디를 펼쳐도 핑크와 반짝거리는 페이지여서 눈이 부시다. 잡지 부록으로는 색깔 있는 립 밤이 달려 있는 '프린세스★메이크업아티스트', 프린세스가 될 수 있는 '공주님 베일이 달린 티아라 머리띠&링', 스틱 타입 향수 '라라의 첫 향수' 등이 있었고, 각각의 부록에는 여성지와 별반 다를 바 없는 문구가 달려 있다.

서 발행한 잡지다. 《푹치구미》와 대상 연령이 같기 때문에 서로 라이벌 잡지라 할 수 있는데, 《타노요 히메구미》는 《푹치구미》에 비해 만화가 적고 그림이 주를 이루고 있다.

* 초등학생을 대상으로 고단샤에서 2007년부터 발행한 잡지다.

** 일본에서 시작된 특수 촬영 드라마다. 주로 서로 다른 색의 전신 타이즈를 입고 팀을 이뤄서 지구를 구하거나 악당을 물리친다는 내용으로 '파워 레인저' 등이 이에 해당한다.

PINK

〈'부록으로 변신! 프리큐어 풍 귀여운 걸크러쉬 메이크업&헤어 카탈로그'로 메이크업과 헤어스타일 변신에 도전해요♪〉

내가 유치원생이었을 때는 진흙으로 얼마나 단단한 공을 만들 수 있는지, 어떻게 하면 그네를 높이 탈 수 있는지 따위에만 관심이 있었다. 그런데 21세기 여성들은 초등학교에 들어가기 전부터 핑크 잡지로 여자다워질 것을 강요받고 있는 것 같다.

할로윈이 되면 어린이집에 다니는 여자아이들이 하나같이 드레스를 입고 공주 흉내를 내는 것이 연례행사처럼 되어 버렸다. 남자아이들은 닌자나 해적, 하다못해 불상까지 다양한 의상을 입는데, 이에 반해 개성이 없는 여자아이들이 안타깝다는 생각도 든다. 여자아이들 사이에서 일어난 프린세스 붐은 2000년에 디즈니가 공주 캐릭터만을 모은 여아용 브랜드 '디즈니 프린세스'를 내놓으면서부터 시작되었다. 이것이 발매된 뒤 전 세계의 여자아이들이 디즈니 프린세스의 포로가 되고만 것이다.

예상대로 우리 첫째 아이도 프린세스에 푹 빠져 지내

는 시기가 있었는데, 그 당시에는 매일 밤마다 신데렐라 이야기를 읽어달라고 졸라댔다.

'신데렐라? 못된 언니들을 결혼식에 불렀는데 비둘기가 언니들 눈알을 파먹었다는 그거? 복수까지 남에게 맡기는(아니, 비둘기에게 맡기는) 이야기잖아? 이런 것 말고 여자아이가 자기 힘으로 싸우는 이야기를 들려줘야지.'

첫 아이였기 때문에 의욕이 넘쳤던 나는 여자아이가 지혜와 용기를 발휘해서 나쁜 사람을 속이고 잡혀 있던 언니들을 구하는 그림형제의 〈하얀새〉를 열심히 읽어주었다. 하지만 딸의 감상은 이랬다.

"거짓말하는 여자아이는 나빠. 자, 이제 신데렐라 읽어줘."

"……. 그… 그래."

장난감 가게의 여아 코너에 들어서면 핑크색과 하늘색, 연보라색 같은 파스텔컬러가 넘쳐흐른다. 게다가 미용, 소꿉놀이, 수예, 요리 등 기존의 여성 역할을 답습한 장난감이 많은데 이것 또한 서양 엄마들의 고민거리가 되고 있다고 한다. 힘들게 저항해서 허물어가고 있던 성에 따른 역할 분담의 경계가 다시 견고해지면 어쩌나 하고 말이다. 하지만 "귀엽다……" 하면서 넋을 잃고 바라보는 딸들 앞에서 어른들은 어찌할 도리가 없다. 미피*의 고향인 네덜란드에서조차 요즘에는 핑크색으로 변신한 헬로키티가 미피 이상의 큰 인기를 얻고 있다고 하니 말이다.

국경을 초월해서 이렇게 많은 여자아이들이 핑크(혹은 프린세스, 반짝반짝거리는 것, 요정 등)를 좋아하는 이유는 도대체 무엇일까? 사회적인 영향일까? 아니면 여자아이들은 태어날 때부터 핑크를 좋아하도록 타고나는 것일까? 설령 이것이 타고난 성질이라 할지라도 왠지 찜찜한 기분이 가시지 않는다.

애초에 나는 핑크색에 왜 이런 찜찜함을 느끼는 것일까? 나는 과연 핑크색에서 또 다른 무엇을 느끼고 있는 것일까?

두 딸의 엄마로서 가지게 되는 이런 소박한 의문이 이 책을 집필한 계기가 되었다.

1장에서는 먼저 프랑스, 미국, 일본을 중심으로 핑크

* 미피miffy는 네덜란드의 일러스트레이터 딕 브루너가 만든 토끼 캐릭터로서, 1955년 처음 등장해 전 세계적인 인기를 얻고 있다.

가 여자의 색이 된 역사를 살펴본다.

2장에서는 20대 미국인 여성이 온통 핑크인 여아용 장난감에 반기를 들고 새롭게 고안한 장난감 브랜드 '골디 블록스Goldie Blox'와 '루미네이트Roominate'가 인기를 얻은 사례와 함께 미국과 유럽의 안티 핑크 운동을 살펴본다.

3장에서는 골디 블록스의 성공 이후 현재까지 확장되고 있는 여아용 장난감의 STEM(이공계)화 열풍을 소개한다.

4장에서는 여성의 이공계 진학과 사회진출이 활발하게 진행되지 않는 일본 사회에서 핑크가 어떤 의미를 가지는지를 생각해본다.

5장에서는 일본의 인터넷을 뜨겁게 달군 '올드 핑크' 비판을 살펴보고, 객체로서의 핑크와 주체로서의 핑크의 차이를 고찰한다.

마지막 6장에서는 핑크를 좋아하는 남자들에 대한 억압과 '가와이*'에서 소외된 남성들의 문제를 다루려고 한다.

여러분은 핑크를 좋아합니까? 아니면 싫어합니까?

* '가와이かわいい(귀엽다)'는 유난히 귀여운 것을 좋아하는 일본인들의 성향을 보여주는 말로 '일본문화=가와이의 문화'라고 말하는 사람도 있다.

1

핑크와 여자의 역사

첫째 딸이 태어났을 때 축하 선물로 파란색 아기 옷을 받았다. 선물을 받자마자 든 생각은 '어? 남자아이인 줄 알았나?'였다. '여자아이는 핑크, 남자아이는 블루.' 스스로 유연한 사고방식을 가지고 있다고 생각했는데 의외로 내 머리는 고정관념에 사로잡혀 있었던 모양이다. 막상 옷을 입혀보니 갓츠 이시마츠*를 닮았던 우리 딸에게는 핑크색보다 파란색이 그나마 어울렸다. 개인적으로는 성장과정에서 갓츠 이시마츠 내지는 미야자와 키이치**를 거쳐 가는 동양인 아기에게는 핑크색이 별로 안 어울리는 것 같다. 파스텔 핑크색 아기 옷은 하얀 피부에 금발, 푸른 눈을 가진 앵글로색슨계 아기를 위한 옷이 아닐까 싶은 생각이 든다. 솔직히 말하면 '예술은 폭발이다!***'라고 말하는 것처럼 양팔을 벌리고(모로 반사****) 자신의 욕망을 표현하며 울어재끼는 아기 오카모토 타로들에게 환상적

* 갓츠 이시마츠ガッツ石松(1946~), 일본의 배우이자 프로복서. 작고 통통한 체격에 머리숱이 적다.

** 미야자와 키이치宮澤喜一(1919~2007), 일본의 정치가. 그 역시 아담하고 머리숱이 적다.

*** 일본의 예술가 오카모토 타로岡本太郎(1911~1996)의 말이다.

**** 신생아의 반사 운동 중 하나로 놀라거나 환경의 변화가 생겼을 때 팔 다리를 펼쳤다가 다시 움츠리는 현상이다.

인 파스텔컬러는 왠지 위화감이 있기 때문이다.

이런 엄마의 생각과는 상관없이 아기용품 판매점이나 장난감 가게에 가보면 항상 '여자아이는 핑크, 남자아이는 블루'로 분명하게 색이 나뉘어 있다. 마치 태곳적부터 그렇게 정해져 있었던 것처럼 말이다. "요즘에는 아기 옷이 핑크색이나 파스텔색밖에 없는데, 우리 아이한테 너무 안 어울리는 것 같아요"라고 투덜대면 "네? 옛날부터 그랬잖아요"라는 대답이 돌아올 뿐이다. 하지만 내가 어렸을 때는 어땠는지 친척들에게 물어봤더니 빨간색 앞치마* 한 장만 걸치고 다녔다고 하는데다가, 동네 친구에게 물려받은 배내옷도 모두 흰색 계열 옷이었다. 성별에 따라서 옷 색깔을 나누는 풍습은 도대체 언제부터 시작되었을까?

'핑크는 여성성을 상징하는 색'이라는 선입견을 뒤흔드는 패션 전시회 'Think Pink'가 2013년 미국 메사추세츠 주에 있는 보스턴 미술관에서 개최되었다. 주제는 이

* 아기의 배를 따뜻하게 하기 위해 입히는 앞치마로 〈센과 치히로의 행방불명〉에서 마녀의 아기가 입고 있는 옷을 생각하면 된다.

를 그대로 '핑크'였다. 공개된 사진을 보니 '돌체앤가바나'의 드레스, '크리스챤 디올'의 끈 없는 원피스, '루부탱'의 구두 등 명품 브랜드의 패션 아이템들이 줄줄이 진열되어 있었다. 하지만 전시의 주안점은 단순히 백화점에 있는 핑크색 패션으로 관객을 현혹시키는 것이 아니었다. 의복과 장식품, 예술품을 연도별로 늘어놓음으로써 핑크색의 사회적 의미가 어떻게 변해왔는지 그 변천사를 보여주는 것이 목적이었다.

전시품 중에는 18세기에 프랑스에서 남성 귀족이 착용했던 섬세한 꽃무늬 자수가 옷 전체를 수놓은 핑크색 실크 코트와 18세기 후반에 그려진 핑크색 공단 드레스를 입은 남자아이의 초상화도 있었다. 그림뿐만 아니라 18세기 말에 프랑스의 한 작가가 핑크색과 흰색 침실을 남성들에게 권하는 문장도 있었다. "기분을 밝게 해주는 핑크를 남성의 꿈의 공간에!" 또, 1925년에 출판된 소설 《위대한 개츠비》에서 청년 개츠비가 착용했던 핑크색 양복도 있었다(전시품은 1974년 영화판에서 로버트 레드포드가 착용했던 랄프 로렌 양복의 모조품이었다).

이 전시품들을 통해서 알 수 있는 것은 과거에는 남성

도 핑크색을 애용했다는 사실이다. 염색 기술의 진보로 핑크색이 의류에 사용되기 시작한 것은 17세기 이후인데, 핑크색이 의류에 사용되기 시작하고 얼마간은 남녀 구별 없이 핑크색 옷을 착용했다. 이 전시회를 기획한 미셸 피나모레는 미국 라디오 방송국 NPR과의 인터뷰에서 "현대인은 핑크를 여성의 색이라고 생각하지만, 그런 인식이 확산된 것은 제2차 세계대전 이후"라고 설명했다.

미국에서 핑크의 역사를 보여주는 두 권의 책이 있다. 《Pink Think: Becoming a Woman in Many Uneasy Lessons》(2002년), 《Pink and Blue: Telling the Boys from the Girls in America》(2012년)가 그것인데 이 책들은 미셸의 의견을 뒷받침해준다. 미국에서 핑크가 여성의 색으로 널리 정착된 것은 제2차 세계대전 이후의 일이었다. '핑크=여성의 색'이라는 판에 박힌 인식의 역사는 의외로 얼마 되지 않은 것이다. 1868년에 나온 미국 소설 《작은 아씨들》에는 프랑스 풍습에 따라서 여자 아기에게 핑크 리본을, 남자 아기에게 파란 리본을 묶는 장면이 나온다. 이 묘사를 통해 알 수 있는 것은 당시 미국에서는 성별에 따른 색 구분이 없었다는 것과 성별에 따른 핑크와 블루라는 색 구분은 프랑스에서 유래한 풍습일지도 모른다는 사실이다.

'핑크 = 여자의 색'이라는 생각은 프랑스에서 시작되었다

그렇다면 먼저 프랑스 의복의 역사를 살펴보자. 19세기 말, 프랑스에서는 여자 신생아에게 핑크색 옷을 입히는 풍습이 존재했던 것 같다. 여자아이에게 입히는 유아복은 '로즈 봉봉', 남자아이에게 입히는 유아복은 '블루 베베'라고 불렀는데 이 풍습은 프랑스뿐 아니라 북유럽과 서유럽에도 널리 분포해 있었다고 한다. 다만 이 구별은 엄밀한 것은 아니어서 벨기에에서는 정반대로 남자아이가 핑크, 여자아이는 블루였다고 한다(벨기에 왕실의 왕자 탄생을 보도한 1927년의 영국 타임지 기사에는 남자아이를 기대하고 '핑크색' 요람을 준비해 놓았다고 되어 있다).

'로즈(=핑크)'는 18세기 프랑스에서 유행했던 로코코 양식을 대표하는 색이다. 루이 14세의 죽음으로 장중하고 엄격한 고전주의가 쇠퇴하고, 새롭게 도래한 로코코 시대에는 귀부인의 우아한 살롱에 지식인들이 모여서 이야기를 나누며 여성 중심 문화가 꽃피었다. 장미꽃을 사랑한 마리 앙투아네트와 조제핀 왕비, 그리고 당시의 귀부인들은 드레스뿐만 아니라 가구와 식기까지 핑크색으로 물들였다. 그중에서도 루이 15세의 애첩이자 궁정 살롱의 중심인물이었던 퐁파두르 후작부인은 핑크 마니아로 알려져 있다. 핑크색과 연한 하늘색 옷으로 몸을 감싼 그녀는 베르사유 궁전에 파스텔컬러 열풍을 몰고 왔다. 세브르 왕립 제도소가 새롭게 핑크색을 개발할 때 그녀의 공적을 높이 사서 이름 붙인 '퐁파두르 핑크(=로즈 퐁파두르)'는 지금도 사기그릇의 색깔을 나타내는 이름으로 사용될 정도다.

여성뿐만이 아니다. 로코코 미술을 대표하는 궁정 화가 '장 오노레 프라고나르' 또한 핑크를 애용하던 사람 중 한 명이다('프라고나르 핑크'는 그를 기념해서 만들어진 색상 이름이다). 핑크색을 풍부하게 사용한 대표작 '그네(그네와 절호의 기회)'는 핑크색 양말부터 허벅지까지 몽땅 보여줄 기세로 정원에서 그네를 힘차게 흔드는 핑크색 드레스를 입은 여성과 그것을 아래에서 엿보려는 젊은 남성을 그린 것이다. '절호의 기회'라는 부제에서 남성의 에로틱한 시선이 느껴진다. 당시에는 다양한 핑크색을 묘사하기 위해서 다음과 같은 표현도 만들어졌다. 'Cuisse de Nymph(요정의 허벅지)', 'Ventre de Biche(암사슴의 배)', 'Fesses de Fille(소녀의 엉덩이)', 'Ventre d'Epouse(아내의 배)' 등의 표현이 새로 생겼는데, 이 또한 여성의 몸에 집착하는 남성들의 뜨거운 시선을 담은 표현이라고 할 수 있다. 실제로 그림을 통해서 만날 수 있는 당시의 귀부인들은 햇볕을 전혀 쬐지 않은 듯한 새하얀 피부에 발그레한 볼을 하고, 핑크빛 가슴을 살짝 드러내고 있는 경우가 많은데 핑크색 드레스가 아주 잘 어울린다. 스무 살 안팎의 백인 여성들은 자신의 아름다움을 돋보이게 하는 색으로, 남성들은 자신의 관능을 자극하는 색으로 각각 핑크에 대한 애정을 가져 왔을 것이다. 나이를 '스무 살' 정도로 한정한 이유는 마리 앙투아네트가 서른 살에는 핑크색 옷을 입지 않았다고 전해지기 때문이다. 이 이야기를 듣고 나니 "서른 넘어서 귀여운 척 하는 건 좀 그렇지?"라고 말하는 마리 앙투아네트의 목소리가 들려오는 듯하다.

베르사유 궁전에서 시작된 핑크 열풍은 18세기 후반에는 유럽 전역으로 퍼져 나갔다고 전해진다. 거기에 "남자아기는 양배추에서, 여자아기는 장미 속에서 태어난다"는 프랑스 속담이 더해져서 19세기 말 무렵에 여자아기가 핑크색을 입는 풍습이 생겨났을 것으로 추측된다. 파란색은 기독교에서는 성모마리아의 상징이자 천상의 색이다. 색채학 전문가인 조 가즈오 교수에 따르면 중세 유럽의 특권계층 사이에서 집안의 뒤를 이을 남자아이에게 액막이용으로 파란색 옷을 입히는 풍습이 있었다고 한다. 이것이 '남자아기=파란색'의 기원이라고 해도 전혀 이상하지 않다. 다만 이런 색깔 구분은 어디까지나 유아용 옷에 한정된 이야기였던 것 같다.

THINK

여담이지만 일본 헤이안시대(794~1185)의 귀족들 사이에서 '현대적인 색(=트렌드 컬러)'으로 유행하던 것도 열은 다홍색이었다. 소설 《겐지 이야기參政權*》에서는 겐지에게 가장 사랑받는 소녀인 무라사키노우에가 '붉은 매화

* 겐지이야기源氏物語, 헤이안 시대 중기(11세기 초)에 여성 작가 무라사키 시키부가 귀족들의 사랑과 인간관계를 풍부한 상상력과 아름다운 문체로 그린 장편 소설로 일본 최고의 고전 작품으로 손꼽힌다.

무늬가 아름답게 수놓아진 포도 빛깔의 예복과 현대적인 빛깔의 멋진' 옷을 겐지에게 선물 받는 대목이 나온다. 억지로 요즘 말로 바꿔보자면 '라벤더 색의 캐주얼한 자켓에 트렌드 컬러인 핑크를 매치한 잘나가는 스타일' 정도의 느낌일지도 모른다. 라벤더에 핑크는 요즘 여자아이들도 좋아하는 배색이다. 《겐지 이야기》에 등장하는 인물들의 옷 색깔을 색채 계통별로 연구한 논문인 〈《겐지 이야기》로 보는 인간관계와 표현의 관련성〉(야마무라 아이 · 사이토 쇼코 저, 2006)에 따르면 무라사키노우에의 옷 색깔은 핑크색, 빨간색, 보라색 계열이 약 20퍼센트씩이었고, 온나산노미야*는 2/3가 핑크색 계열이었다. 주인공인 겐지의 옷도 핑크색이 20퍼센트, 흰색이 15퍼센트, 빨간색이 10퍼센트의 비율이었다. 특권계층 사람들이 더없이 호사스러운 생활을 즐길 수 있었던 일본의 헤이안 시대는 서양의 로코코 시대와 마찬가지로 여성 문화가 꽃피던 시대였다. 세이쇼나곤이 《마쿠라노소시**》에서 작고 약한 존

* 겐지의 여러 부인 중 한 명이다.

** 마쿠라노소시枕草子, 일본 수필문화의 효시로 세이쇼나곤이라는 여성이 10년 정도의 궁정 생활 체험을 기록한 것이다. 최초의 수필 문학인 《겐지 이야기겐지모노가타리》와 함께 헤이안

PINK

재인 아기와 아이들의 귀여움을 칭찬할 수 있었던 것도 풍족함과 평화로움 덕분에 가능했을 것이다. 우아하고 유약한 것이 좋은 것으로 받아들여지는 귀족문화에서는 남녀를 불문하고 핑크를 선호하는 것인지도 모른다. 그렇게 생각하면 핑크색을 넣은 국기가 없는 이유도 알 만하다. 건국을 한 지 얼마 안 된 혈기왕성한 사람들이 유약한 색을 고를 리가 없기 때문이다.

눈부시게 화려한 남자들

로코코 귀족이나 헤이안 귀족 남성만이 화려한 옷을 걸쳤던 것은 아니다. 과거 서양 남성의 의복은 여성의 것 이상으로 패셔너블했다. 16세기 잉글랜드의 헨리 8세 초상화를 보면 온몸에 다이아몬드와 루비 등의 보석을 박아 넣은 보라색 벨벳 상의를 입고 깃털을 꽂은 모자를 비스듬히 눌러 쓰고 있는데, 머리끝부터 발끝까지 어느 곳 하

시대를 대표하는 작품으로 손꼽힌다.

나 빈틈없이 화려하다. 보석은 원래 남성이 자신의 권력을 자랑하기 위해서 몸에 착용하던 것이었다. 최초로 비단 스타킹을 신은 것도 헨리 8세였다고 알려져 있다. 당시 서양문화권에서 지배계층 남성이 자신의 남자다움을 어필하기 위해서 강조한 것은 울퉁불퉁한 손가락이나 단단한 근육이 아니라 장딴지부터 발목으로 이어지는 라인이었다. 그래서 17세기 프랑스의 루이 14세처럼 하이힐을 애용하는 남성 귀족도 많았다. 스타킹에 하이힐이라니. 마치 사무직 여직원의 복장 같다. 중세 유럽의 지배계층 남성들은 그 외에도 리본과 레이스, 컬러풀한 장식을 달고 마치 공작새처럼 자신의 권력을 과시했다.

그러고 보니 공작이든 사자든 동물은 대개 수컷의 겉모습이 화려하다. 그 이유는 수컷끼리 서로 위협하거나 암컷의 눈길을 끌기 위해서라고 한다. 인간도 원시적인 사회일수록 남성도 화장을 하는 경우가 많고, 개중에는 남성만 화장을 하는 사회도 있다. 중세 유럽에서 여성은 자연에 가까운 존재여야 한다는 기독교의 가치관에 따라야만 했고, 여성이 화장이나 장식으로 남성의 눈길을 끄는 것은 죄악이라고 여겼다. 이처럼 장식은 원래 수컷의 것이었던 듯하다. 화장과 구두와 스타킹이 사회생활을 하는 데 있어서 필수조건처럼 여겨지고, 그것을 게을리하면 '여자이기를 포기했다'는 말을 듣는 현대 일본 여성의 입장에서는 인류의 진화에 절망하게 된다.

더없이 화려했던 서양의 남성 패션이 전환기를 맞이한 것은 19세기 후반 이후부터다. 변화에는 두 가지 이유가 있는데, 하나는 다윈의 진화론이 널리 알려진 것이고, 다른 하나는 민족학이 학문으로서 성립되어 이른바 '미개민족'에 대한 문화 조사가 시작된 것이다. 세계 각지의 민족에 대한 조사가 진행됨에 따라서 장식은 개발도상국, 열등한 인류, 하류계층의 남성들이 하는 것이라는 인식이 확산되었다. 상류층 남성들은 자신들이 하류층 남성들이나 여성들보다 우월하다는 증거를 보여주기라도 하듯 간소하고 실용적인 옷을 선호하게 되었다. 그때부터 다 큰 어른이 예쁜 색깔이나 장식을 좋아하고 유행을 쫓는 것은 '계집애 같은' 행위로 비판을 받았다. 몸치장을 한 남자는 'dude(젠체하는 사람)'라고 불리며 그 어리석음과 아니꼬운 태도가 풍자 만화의 소재가 되기도 했다. 아이들이 일반적으로 화려한 색이나 장식을 좋아한다는 사실 또한 '아이는 원시인에 가까운 존재'라는 다윈의 이론을 뒷받침해 주었다. 영국에서 탄생한 양복이 미국에서 비즈니스맨의 일반적인 복장으로 정착한 것도 1880년 무렵이다. 일본에서도 메이지유신(1868년)으로 서구화가 추진되면서 '커트 머리'가 도입되기 전까지는 남성의 화장이나 장발이 당연한 것으로 여겨졌다.

언제부터 아동복의 남녀 구별이 시작되었을까

남성의 의복은 간소화되었지만 '여자'와 '아이'는 미개인에 가까운 존재로 인식되었기 때문에 아이 옷은 남녀를 불문하고 여성적인 모습 그대로였다. 여성적인 요소로 간주되었던 '약함', '순수함', '의존성'은 유아의 특징이기도 했기 때문이다. 프랭클린 루즈벨트가 30개월 무렵일 때의 사진(1884년)을 보면 당시 사회의 관습을 알 수 있다. 어린 루즈벨트는 레이스가 잔뜩 달린 상의에 무릎까지 내려오는 하얀색 스커트를 입고 손에는 깃털이 달린 모자를

프랭클린 루즈벨트
30개월 당시의 사진

들고 있다. 신발은 끈 달린 애나멜 구두를 신었고 머리카락은 어깨까지 내려와서 마치 여자아이처럼 보인다. 이 당시 미국의 어린아이들은 주로 하얀색(혹은 옅은 파스텔색) 드레스를 입었는데 남녀 구별은 없었던 것 같다. 참고로 일찍이 어린아이들의 옷이 흰색이었던 이유는 삶아 빠는 것과 표백, 그리고 손빨래를 견딜 만한 화학 염료가 없었다는 실질적인 문제도 있었지만, 당시 사람들이 성별이 없는 순진함을 어린아이의 가장 큰 매력으로 생각했던 것도 크게 작용했을 것이다. 핑크와 베이비블루 등 파스텔색은 백인의 하얀 피부색을 돋보이게 해주기 때문에 19세기에 아기들에게 입히기는 했지만, 특별히 남녀 구별은 없었다고 한다. 또한 19세기 잉글랜드의 빨간색 제복에서 볼 수 있는 것처럼 성인 남성이 핑크색 리본과 장식을 달고 다니는 경우도 많았다. 1850년에 그려진 빅토리아 여왕의 초상화를 보면 어린 아서 왕자가 핑크색과 흰색 드레스를 입고 있다.

미국과 유럽의 소년들 옷이 남자다워진 것은 20세기 초반의 일인데, 그 배경에는 아동심리학의 등장이 있다. 남자아이들의 자위가 유해하다고 알려지면서 그것을 방지하기 위해서 바지가 권장되었던 것이다. 게다가 동성애의 원인이 모자母子 밀착에 의해서 아이들이 아버지와의 동일화에 실패했기 때문이 아니냐는 가설이 제기되면서 조기에 성 정체성 확립을 도울 것을 권장하게 되었다. 아이를 순진무구한 존재로 귀여워하던 빅토리아 시대의 가치관은 '남자아이는 씩씩하게 길러야 한다'는 가치관에 밀려나게 되었다. 이렇게 해서 1920년 무렵부터 남자아이의 옷에서 레이스와 나비넥타이, 주름장식, 꽃무늬 자수와 프린트가 사라졌다. 진실하고 강해야 하는 남자아이는 옷 따위에 연연해서는 안 된다는 인식이 확산된 것이다.

또한, 1886년에 나온 영국 소설 《소공자》(프랜시스 버넷 저)도 남자아이들 옷이 간소화되는 데 큰 역할을 했다고 한다. 당시 소공자는 원작 소설보다 연극 작품이 더 많은 사랑을 받았다. 특히 상류층 귀부인들의 열광적인 사랑을 받았던 것은 금발 곱슬머리의 마음씨 고운 미소년 세드릭(소공자 폰틀러로이)이었다. 검정 벨벳에 흰색 레이스 옷깃이 달린 우아하고 아름다운 옷을 입은 고귀하고 순진무구한 세드릭은 엄마들 눈에 이상적인 아들로 비춰

졌던 것이다. '우리 아들도 소공자 폰틀러로이처럼 입히고 싶다'는 엄마들의 요구에 부응하기 위해 검정 벨벳에 하얀 레이스 옷깃이 달린 옷이 '폰틀러로이 옷'이라는 이름으로 상품화되었고 큰 인기를 끌었다. 하지만 소년들 입장에서 보면 왕자님 복장을 강요당한 것이나 마찬가지였기 때문에 소년들의 마음에 큰 트라우마를 남기는 경우도 있었다. 영국 작가인 콤프턴 매켄지도 폰틀러로이 옷 때문에 좌절했던 사람 중 하나였다. 그는 여섯 살 때 춤 레슨을 받으면서 이 옷을 입었는데, 세라복을 입은 다른 소년들의 비웃음을 견디다 못해 일부러 진흙탕에 빠져서 옷을 엉망으로 만들었다고 한다. 존 베펠이 1927년에 집필한 에세이 〈소공자 역병〉에 따르면 폰틀러로이 옷을 강요당한 것에 대한 보복으로 아버지의 헛간을 깡그리 태워버린 여덟 살 소년도 있었다고 한다. 미국 보이스카우트 연맹의 창설자 중 한 명인 다니엘 카터 비어드는 1904년에 "미국에서 건강하고 건전하게 성장한 남자는 허클베리 핀과 톰 소여다. 결코 퇴폐적인 소공자 폰틀러로이가 아니다"라고 말했다.

폰틀러로이 옷을 강요당한 소년들은 "무슨 일이 있더

라도 내 아들에게는 남자다운 옷을 입힐 거야!"라고 다짐했을 것이다. 실제로 그들이 어른이 된 1900년대 초 이후로 간소하고 움직이기 편한 세일러복과 무릎 길이의 바지가 남자아이들의 대표적인 복장이 되었다. 성별이 없는 순수한 존재였던 남자아이들이 태어나면서부터 '작은 남자' 취급을 받게 된 배경에는 아버지 세대의 트라우마도 영향을 주었던 것 같다. 1940년대에는 남자아기에게 흰색 드레스를 입히는 풍조는 쇠퇴하였고, 스포츠 · 밀리터리 · 놀이기구 등 남성성을 상징하는 무늬가 남자아이 옷에 담기게 되었다.

THINK

하지만 유아의 젠더화가 진행되고 있었음에도 불구하고 이때까지 미국의 남자아기는 핑크색 옷을 입었다. 핑크가 여성의 색이라는 인식이 없었기 때문이다. 앞서 이야기한 《Pink Think: Becoming a Woman in Many Uneasy Lessons》에 따르면, 1927년 타임지(11월 14일 호)가 미국 주요 도시에 있는 백화점에서 아기 옷 색깔을 조사한 결과 남자아이에게 핑크, 여자아이에게 블루가 6건, 남자아이에게 블루, 여자아이에게 핑크가 4건이었다고 한다. 1925년에 출판된 미국 소설 《위대한 개츠비》(F. 스콧 피츠제럴드 저)에서도 한 상류층 남성이 “너처럼 핑크색 옷을 입는 녀석이 옥스퍼드를 나왔을 리가 없어”라면서 개츠비의 혈통을 의심하는 대목이 나온다. 핑크는 당시에 여성성이 아니라 안 좋은 가정환경의 상징이었다. 2013년에 나온 영화 〈위대한 개츠비〉의 의상 담당자는 인터뷰에서 “당시 핑크색은 노동자 계급을 의미하는 색이었다”고 말했다. 미국에서 ‘남자아이는 블루, 여자아이는 핑크’라는 색 구분이 시작된 것은 제2차 세계대전이 끝나고 일어난 베이비붐 이후의 일이었다.

블랙? NO!!
핑크? YES!!

1950년대 미국에서는 ‘핑크’하면 엘비스 프레슬리의 핑크색 캐딜락 승용차를 떠올리는 사람도 많았을 것이다. 케네디 대통령이 암살을 당하던 날, 영부인인 재클린 케네디 오나시스는 핑크색 샤넬 슈트를 입고 있었다. 영화 〈신사는 금발을 좋아한다〉(1953년 개봉)에서 신사들에게 둘러싸여 춤추는 마릴린 먼로의 끈 없는 드레스도 핑크색이었다. 이처럼 핑크는 1950년대 미국을 상징하는 색이다. 그중에서도 오드리 헵번이 주연한 뮤지컬 영화 〈파리의 연인〉(1957년 개봉)에서 패션 잡지 편집장 마기가 다음 호의 테마를 핑크로 하자며 부르는 노래인 'Think Pink!'는 당시의 핑크 열풍을 생생하게 표현했다.

"미국 여성들, 아니 세계 곳곳에 있는 여성들에게 핑크를 전하자! 검정을 추방하자! 블루를 불태우자! 베이지를 매장하자!"

춤과 음악에 맞춰 핑크색 드레스, 핑크색 가방, 핑크색 샴푸, 핑크색 치약이 스크린을 가득 채운다. 아무리 핑크를 싫어하는 사람이라도 자기도 모르게 시선을 빼앗기게 되는 세련된 핑크의 향연이 인상적인 명장면이다.

깊이 들어가 보면 여기서 말하는 검정은 상복, 블루는 전쟁 중에 공장에서 일하던 여성들의 작업복(청바지)을 의미하는 것이 아니었을까? 실제로 미국의 라디오 방송국인 NPR의 2015년 기사에서도 제2차 세계대전 이후의 핑크 열풍에 대해서 "로지 더 리베터Rosie the Riveter(제2차 세계대전 중에 미국 군수공장에서 일하던 여성 노동자의 총칭)는 청색 작업복을 준 클리버(미국의 인기 드라마에 등장했던 카리스마 전업주부)의 핑크색 앞치마와 교환했다"고 표현했다. 수완 좋은 편집장인 마기는 전쟁이 끝나고 여성들이 들떠도 좋은 시대가 도래한 것을 누구보다도 빨리 감지하고 핑크를 특집 테마로 골랐을 것이다. 고전주의의 답답함에서 빠져 나온 프랑스 귀족이 곧잘 핑크를 착용했던 것처럼 말이다. 하지만 마기 본인은 극중에서 핑크색 옷을 입겠냐는 질문을 받고는 숨도 안 쉬고 "저요? 죽어도 안 입죠"라고 대답했다. 현대여성이 핑크에 대해서 품고 있는 복잡한 감정이 이 대답에 고스란히 드러나 있다. 이 시대에도 핑크에는 커리어 우먼이 입는 것을 기피하게 할 만한 사상성이 내포되어 있었던 것이다.

1950년대의 미국과 핑크

1950년대에 핑크 열풍의 아이콘이 된 것은 아이젠하워 대통령 부인인 마리 아이젠하워와 영화배우인 제인 맨스필드라는 두 명의 여성이었다. 그녀들이야말로 핑크와 여성성을 연결하는 데 공헌한 주역이라고 할 수 있다.

"남편은 나라를 휘젓지만, 나는 돼지 갈비 구이를 휘젓는다Ike runs the country. I turn the pork chops."라고 말하는 마리 아이젠하워는 남편과 어깨를 나란히 하는 새로운 전업주부로 1950년대 미국 부인들의 동경의 대상이 되었다. 1953년 아이젠하워 대통령 취임식 때 그녀가 입었던 라인스톤이 가득한 파우더 핑크 드레스와 긴 장갑은 전쟁 중에 흙투성이가 되도록 일했던 여성들에게는 눈부시게 보였을 것이다. 그녀는 드레스뿐만 아니라 백악관과 별장 인테리어까지 자신이 좋아하는 파우더 핑크로 장식했다. 그녀가 핑크색을 애호한 것은 어쩌면 자신의 피부색과 푸른 눈동자를 돋보이게 하는 색이라는 단순한 이유 외에 특별한 의미는 없었을지도 모른다. 속내가 어땠든 간에 그녀가 애용했던 파우더 핑크는 '마리 핑크'라고 불렸고, 부엌과 욕실을 마리 핑크로 칠하는 주부들이 늘어났다. 구글에서 '1950s kitchen'으로 이미지 검색을 해보면 '아무리 전쟁에서 승리했다고는 해도 지나치게 들뜬 것이 아닌가' 싶은 생각이 들 정도로 사방이 파스텔컬러로 도배된 부엌 사진을 상당수 찾을 수 있다. 《위대한 개츠비》 시대에 핑크는 노동자 출신의 벼락부자가 샴페인을 한 손에 들고 밤새도록 파티를 하는 것과 같은 거품의 상징이었다. 핑크는 그런 거품 낀 이미지를 간직한 채로 교외의 커다란 주택에서 가사와 육아에 전념할 수 있는 유복하고 행복한 주부의 상징이 되었다. 많은 여성들은 가사와 육아를 전담하는 것을 억압이라고 생각하지 않았고, 오히려 스스로 가정생활에 전념할 수 있기를 바랐다. 전쟁 중에 군수용품 공장으로 끌려가서 청바지를 입고 일한 경험은 사회진출의 기쁨을 알기에는 적잖이 부적절했을 것이다. 그러던 중에 승전 분위기를 타고 핑크로 채색된 제품이 상당수 시장에 나왔다. 생리대도 핑크색이 되었고, 영양크림 '폰즈'는 작은 핑크색 병에 담겼다. 여성을 대상으로 하는 핑크색 상품이 점점 늘어났다. 〈그녀는 요술쟁이〉(1964년 방송 시작)에서 주인공의 딸인 타비사의 방 벽과 가구, 인테리어가 온통 핑크색이었던 것을 기억하는 사람이 있을지도 모르겠다(컬러 텔레비전으로 봤다면 말이다).

아이젠하워 대통령 부인이 애용했던 파우더 핑크가 가정적인 전업주부의 상징이었다고 한다면, 마릴린 먼로와 함께 섹시 심볼로 정평이 나있던 제인 맨스필드가 착용했던 핑크는 섹슈얼리티의 상징이었다. "핑크는 나의 색이다. 핑크는 나를 행복하게 해주기 때문이다"라고 말하는 그녀는 핑크색 재규어 승용차를 타고 다녔고, 핑크색 드레스를 입고 결혼식을 올렸다. 외관을 핑크로 통일한 그녀의 저택은 '핑크 궁전'이라고 불렸고, 핑크색 털로 벽과 벽을 감싼 욕실에는 핑크색 하트 모양 욕조가 있었다. 지나치게 핑크로 장식돼 있어서 강박적으로 보이기도 하는데, 그녀는 핑크에 대해서 다음과 같이 말했다. "남성은 여성에게 핑크이기를 요구해요. 여성의 곡선미와 참을 수 없는 입술과 숨결은 살아가는 데 도움이 되죠." 그녀에게 있어서 핑크는 남성이 요구하는 성적 신체 그 자체였다. 가슴이 크고 백치미 있는 섹시걸을 연기하던 제인 맨스필드는 대학에서 물리학을 공부했고, 5개 국어에 능통했으며 피아노와 바이올린 연주에 뛰어난 재원이었다고 한다. 그녀는 똑똑했기 때문에 남성들이 자신에게 원하는 것이 지성이 아니라는 사실을 재빨리 파악하고, 남자들이 요구하는 여성성을 필사적으로 익히려고 했던 것인지도 모른다(그것도 우등생처럼). 좋아한다는 이유만으로는 이해하기 어려운 핑크에 대한 그녀의 편집증적인 집착의 이유를 여기에서 찾는 것은 지나친 상상일까?

전쟁을 거부하는 색, 핑크

1950년대 미국에서 핑크는 여성스러움의 상징이었다. 그것은 말하자면 객체성의 상징이기도 했다. 왜 그렇게 되었는지를 유추해보려면 당시 남성들의 핑크 사랑에 대해서도 짚고 넘어가야 할 것이다. 특히 핑크색 캐딜락 자동차와 핑크색 재킷을 애용했던 엘비스 프레슬리를 빼놓을 수 없다. 그런데 당시에 핑크를 즐겨 착용하던 남성은 엘비스만이 아니었다. 애초에 남성들이 핑크를 좋아하지 않았다면 아내가 부엌을 핑크색으로 칠하는 것을 용인할 리가 없다. 《Pink Think: Becoming a Woman in Many Uneasy Lessons》에 따르면 1955년 백화점 카탈로그 신사복 페이지에는 핑크색 옷감이 넘쳐났다고 한다. 미네소타 대학의 카랄 앤 마린 교수(역사학자)는 당시 남성들의 핑크 사랑에 대해서 "차콜 그레이뿐이던 시대에 대한 반발심이 드러난 것"이라고 해석한다. 어쩌면 핑크는 멀리 떨어진 전쟁터에서 떠올리는 고향의 어머니와 그리운 집을 상징하는 색이었는지도 모른다. 앞에서 말한 것처럼 세계 어느 나라의 국기에도 핑크색은 존재하지 않는다. 여기서 핑크라는 색이 문화를 뛰어넘어서 애국심이나 피비린내와는 심리적으로 가장 거리가 먼 색으로 공유되고 있다는 사실을 알 수 있다.

전쟁에서 해방된 여성들은 무엇보다도 남성의 사랑을 받는 것이 풍요로움과 행복으로 가는 지름길이었을 것이다. 그러려면 자신이 전쟁에 지친 남성들을 위로해줄 수 있는 가정적인 존재임을 어필해야 한다. 그래서 핑크색 옷을 입고 남편에게 헌신하는 순종적인 모습, 우아하고 섬세한 여성스러움, 가정을 행복하게 만드는 적절한 백치미를 갖추고 있다는 사실을 알리고자 했던 것이 아닐까? 당시에 핑크가 여성성과 강하게 연결될 수 있었던 배경에는 일찍이 여성들의 '입신 출세 의지'가 있었을 것이다.

이렇게 해서 여자 아이는 태어났을 때부터 이런 존재가 되리라는 기대를 담아서 핑크색 담요로 감싸고, 핑크색 아기 옷과 장난감에 휘감기게 되었다. 귀환병사의 일자리 확보를 위해서 정부가 주도한 여성의 전업주부화가 진행됨과 동시에 어려서부터 핑크 아이템과 세트로 여성으로서의 규범이 새겨지게 된 것이다. 멋진 여자 아이가 되려면 껌을 씹거나 바지를 입어서는 안 되고, 항상 상냥하고 부드럽게 그리고 다소 멍청하게 행동하라는 규범 말이다. "자기 의견을 주장하는 것은 삼가고 정숙한 드레스를 입고 아름답게 행동하자. 그러면 훌륭한(수입이 많은) 남성에게 사랑받고, 그의 보호하에 행복하게 살 수 있을 것이다." 이런 메시지가 핑크색 보드 게임과 아동서, 가정 교과서, 청소년 잡지, 여성지 등에 담기게 되었다. 《파리의 연인》에서 커리어 우먼인 마기가 핑크를 입기 싫어하는 이유가 뭔지 알 것 같다.

소녀들은 핑크빛 애국자로서 규범적인 주부가 될 것을 강요받았다. 당시 미국에서 유행하던 속류俗流 프로이트론도 과학의 이름을 빌어 여성이 가정으로 돌아가는 데 힘을 보태는 이론이 되었다(여성이 공부를 하고자 하거나 직업을 갖고자 하는 것을 '페니스 선망'이라고 불렀고, 엄마가 육아를 조금이라도 잘못하면 아이가 장래에 신경증에 걸린다고 협박한 것이다). 또한 노동과 통근 시간이 길어짐에 따라서 남편의 귀가시간이 늦어지고 주부는 고립감을 느끼게

Campus Queen Vintage Lunch Box, 1967

핑크색 드레스를 입은 파티 퀸과 잘생긴 남성을 모티브로 한 여성용 도시락 통(1967년 발매). 뒷면에는 핑크색 보드 게임이 있는데, 미용실과 드레스 숍에 들르면서 파티 퀸이 되는 것을 목표로 하는 게임이다.

되었다. '교외에 있는 주택에 살면서 핑크색 부엌에 다양한 가전제품을 구비하고 가사에 힘쓰며 화이트칼라 남편과 아이들을 뒷바라지하며 사는 것'이 이상적인 주부의 모습으로 생각되었다. 하지만 당시 여성들이 동경했던 핑크가 여성을 무겁게 짓누르는 색으로 퇴색하기까지는 시간이 얼마 걸리지 않았다. 1963년에는 행복해야 할 중산층 주부의 고독과 무력감을 세상에 드러낸 베티 프리단의 《여성의 신비》가 세상에 나오면서 일대 파란이 일어났다. 1960년대 중반부터 사람들은 맨스필드의 노골적인 섹스어필에도 질리기 시작했다. 폴 메카트니는 잡지 〈플레이보이〉와의 인터뷰에서 당시 32세였던 맨스필드를 '낡은 가방'에 비유하며 폄하하기도 했다.

PINK

여성해방운동의 등장

1960년대 후반부터 1970년대 전반에 걸쳐서 핑크색이 주는 억압에 대한 불만이 여성해방운동이라는 형태로 폭발했다. 남편과 아이를 통해서밖에 살아갈 방법이 없었던 주부가 가정을 지배하고 아이(특히 아들)를 약하게 만들고 있다는 프리던의 주장은 보수적인 남성들의 마음을 강하게 흔들었고, 여성해방운동은 사회를 변혁하는 대대적인 움직임이 되었다. 그 근간에 있었던 것은 '남녀의 성별은 사회적 · 문화적으로 만들어진 것이기 때문에 차별과 구별을 철저하게 없애야 한다'는 사상이었다. 그렇기 때문에 '여자아이는 핑크, 남자아이는 블루'라는 색 구분도 비판의 대상이 되었다. 베이비붐 세대의 부모들, 특히 여성스러움을 강요당하는 것에 지쳐 있던 엄마들은 육아 환경에서부터 성별 구분을 없애기 위해 온 힘을 다했다. 이렇게 해서 아기의 옷이 또 다시 중성화되었다. 여성해방운동이 정점을 찍었던 1976년부터 1978년까지는 오랜 역사를 자랑하는 백화점인 '시어즈'의 여자아기 옷을 소개하는 카탈로그 페이지에서 핑크가 사라졌다(《Pink and Blue: Telling the Boys from the Girls in America》에서).

중성 지향 분위기는 1981년의 레고 광고에서도 나타난다. 포스터에 등장한 여자아이는 감색 줄무늬 셔츠에 청바지, 감색 스니커즈를 착용하고 있다. 손에 들고 있는 원색 레고 블록 아래에는 "What it is, is beautiful(있는 그대로가 아름답다)"이라는 광고 문구가 달려 있다. 1970년대의 레고 설명서에는 부모님을 향해 "우주선보다 인형의 집을 좋아하는 남자아이도 많습니다. 인형보다 우주선을 좋아하는 여자아이도 많습니다"라고 쓰여 있었는데, 중성적인 광고가 어떤 이념을 바탕에 둔 것인지를 알 수 있다. 또한 영유아기 아이들이 대비가 강한 색에 반응한다는 아동심리학의 새로운 발견 또한 육아 환경의 중성화에 힘을 보탰다.

중성적인 규범이 그늘을 보이기 시작한 것은 1980년대 중반 무렵부터였다. 여자아이는 핑크, 남자아이는 블루라는 파스텔컬러의 영유아용 제품이 또 다시 시장에 나오기 시작한 것이다. 첫 번째 이유로 생각해볼 수 있는 것은 1980년대에 보급된 초음파검사다. 출산을 준비하면서 세상에 넘쳐나는 아기 용품 중에서 내 자식을 위한 상품을 고른다면, 아이의 특성에 맞는 물건을 사고자 하는 것이 예비 부모의 마음일 것이다. 그런데 임신 중에 알 수 있는 특성이라고는 성별 정도밖에 없다. 그렇기 때문에 성별에 맞춘 색깔의 아기 용품이 팔리는 것도 당연하다고 할 수 있다.

또한 유아용품에 관해서는 남녀평등 의식의 침투와 함께 아이의 자주성이 존중받게 된 영향도 크다. 만 3세가 되면 아이에게 성 정체성이 싹트기 시작한다. 특히 3~7세 여자아이들은 핑크에 대한 집착이 강하고, 아이의 의지를 존중해주려면 핑크를 사지 않을 수가 없다. 베이비붐 세대인 미국인 여성 가운데는 여성해방운동의 영향으로 멜빵바지와 바가지 머리를 강요당하고, 바비인형 대신 목제 블록을 가지고 놀며 자란 이들도 많다. 핑크색 드레스를 입고 싶어도 입을 수 없었던 한恨이 딸이 원하는 대로 핑크색 옷과 장난감을 사주는 구매행동으로 이어졌을지도 모른다. 여성해방운동 덕에 어느 정도 사회 경험을 쌓은 그녀들은 더 이상 부모 세대처럼 여성성을 무조건 거부할 필요가 없었다. 여성성과 커리어가 양립할 수 있다는 생각이 싹트기 시작한 것이다.

'성에 대한 자의식 발달은 정체성 확립의 첫걸음이기 때문에 유아의 성별에 대한 집착은 존중해야만 한다'는 발달심리학의 견해는 중성적인 옷과 장난감에 어딘가 불편함을 느끼며 자랐던 엄마들을 충분히 납득시킬 만한 생각이었을 것이다(폰틀러로이 옷을 강요받으며 자란 남자아이들 또한 마찬가지일 것이다). 제조사 입장에서도 제품을 남아용과 여아용으로 나누는 편이 성별이 다른 동생에게 물려주기 어려워서 각기 다른 상품을 사게 할 수 있다는 장점이 있다. 오빠에게는 원색 블록, 여동생에게는 파스텔색 블록을 판매하면 매상이 두 배로 올라간다.

2000년 1월에는 디즈니가 과거에 발표한 작품 속 프린세스들을 모아서 핑크색 로고마크가 새겨진 '디즈니 프린세스' 브랜드를 만들었고, 대성공을 거뒀다. 프린세스들이 왕자님의 그늘에서 벗어나 여자들끼리 함께 살기 시작하자 세계적인 매출은 연 3억 달러에서 연 40억 달러까지 급성장했다. 일찍이 중성적이었던 레고도 파스텔색을 바탕으로 한 여아용 '레고 프렌즈' 시리즈를 2012년에 발매했는데, 이쪽도 매출이 호조를 보이고 있다. 일본에서 탄생한 헬로키티도 아시아뿐 아니라 미국과 유럽의 젊은 여성들 사이에서 큰 인기를 얻고 있다. '핑크의 세계화'는 21세기에 들어와 점점 더 가속도가 붙는 듯하다.

일본에서의 핑크

지금까지 서양에서의 핑크 관념을 중심으로 살펴보았는데, 서양의 역사를 먼저 다룬 이유는 전쟁 후 일본의 소비문화가 기본적으로 서양(특히 미국)의 영향을 받았기 때문이다. 일본에서 파스텔색 아기 옷 브랜드라고 하면 '패밀리어'를 떠올리는 사람이 많을 텐데, 1950년에 창립된 '패밀리어'는 원래 전쟁 후 여성들이 서양의 뛰어난 육아법을 일본에 소개하기 위해 만든 베이비 숍이었다. 파스텔색의 아기 옷도 그런 외국 문화의 하나로 받아들여졌다. 아동문학 작가인 마쓰타니 미요코 씨가 자신의 육아 경험을 바탕으로 저술한 아동서 《꼬마 모모》(1964년)에 수록된 '팬티 노래'에는 아이가 한 살이 되어서 엄마가 하얀색과 핑크색, 하늘색 팬티를 30장이나 손수 만드는 대목이 나온다. 여기서 서구 문화에 친숙했던 상류층 가정에는 '아기=부드러운 파스텔색'이라는 관념이 어느 정도 침투되었다는 사실을 알 수 있다(1973년에 아주 평범한 서민 가정의 아기로 태어난 나는 빨간 앞치마 한 장으로 버텼지만 말이다).

지금은 당연한 듯이 존재하는 여성용 핑크 속옷도 1950년대 전반에 미국의 잡화점에서 핑크색 가터벨트를 발견한 가모이 요코에 의해서 확산된 것이다. 가모이 요코의 자서전 《나는 당나귀를 타고 속옷을 팔러 가고 싶다》(1973년)에는 핑크색 속옷을 손에 넣은 당시의 기쁨이 기술되어 있다. 〈이 작은 가터벨트는 한 떨기 꽃과 같았다. 여자의 몸을 쥐어뜯으면 이 한 떨기가 떨어진다.〉 〈특히 화장실에 갈 일이 기대된다. 스커트를 휙 하고 걷으면 금세 핑크의 세계가 펼쳐진다. 소변까지 핑크색으로 물드는 것 같다.〉 미국산 속옷의 컬러풀하고 섬세한 유쾌함을 알게 된 그녀는 신문기자 일을 그만두고 여성용 속옷 브랜드를 설립했다.

서양에서 받은 영향과는 별도로 일본의 전후 상황과 핑크의 관련성을 살펴볼 수 있는 흥미로운 문학작품이 있다.

> 분명 지금의 전쟁이 끝날 무렵에는 이런 꿈을 꾸는 듯한 고풍스러운 우산이 유행할 것이다. 이 우산에는 보닛풍의 모자가 어울릴 것 같다. 옷자락이 길고 옷깃이 크게 열린 핑크색 옷에 검정색 비단레이스로 만든 손목이 긴

장갑을 끼고 챙이 넓은 모자에는 아름다운 보라색 제비꽃을 달 것이다.

다자이 오사무 〈여학생〉

학교는 점점 학교다워지고 있다. 여자아이들끼리 연애놀이 같은 것을 하는 게 갑자기 유행하기 시작했다. 머리에 리본을 달거나 정기권 지갑 안에 사진을 몰래 넣고, 변변한 교복이 없기 때문에 사복이 허용하는 범위 내에서 색상이 점점 화사해지기 시작했다. (중략) 동급생들에게 매일같이 핑크색이나 파란색 봉투를 받았는데, 그 안에는 눈물겹고 구구절절한 내용의 편지가 들어있었다.

구사카 요코 〈잿빛 기억〉

다자이 오사무의 〈여학생〉은 1938년에 10대 여성독자가 보낸 일기를 바탕으로 쓴 단편소설이다. 소녀가 전쟁이 끝나면 입고 싶다고 한 '꿈을 꾸는 듯한' 색은 바로 핑크와 보라였다. 또한 구사카 요코의 〈잿빛 기억〉 인용부분은 전쟁이 끝나고 나서 핑크색과 파란색 봉투로 감상적인 편지를 주고받기 시작한 여학생들을 묘사한 것이다. 전쟁 후에 여성들에게 핑크색을 유행시키려 했던 《파리의 연인》의 마기 편집장이 떠오른다. 일본에서도 전쟁의 압박에서 벗어나서 새로운 희망을 품기 시작한 시기에 가장 먼저 선택된 색이 핑크였다는 사실을 알 수 있다.

하지만 일본에서 핑크가 여자의 색깔로 일반적으로 정착하기까지는 시간이 조금 더 걸렸다. 이것은 아마 '핑크=복숭아 색'이 오랫동안 에로틱한 것을 상징하는 색으로 사용되어 왔던 탓일 것이다. 일본에는 '핑크 살롱', '핑크 영화', '핑크 전단지' 등 핑크와 성性을 연결하는 단어가 많다. 과거에는 '복숭아 빛 유희', '복숭아 빛 영화'라는 단어도 있었다. 마쓰자와 구레이치 씨의 조사에 따르면 쇼와 시대(1926~1989년) 초기의 외설적인 잡지 발행처가 정부의 규제를 피하기 위해 귀여운 뉘앙스를 풍기는 '복숭아 빛'이라는 단어를 잡지 이름에 붙인 것이 그 기원이라고 한다. 랜덤하우스 영일대사전을 보면 영어의 'pink'에는 일본어 '핑크'에 포함되어 있는 외설적인 의미가 없으며, 외설적인 것을 뜻하는 색은 'blue'라고 기술되어 있다(예: 블루 필름). 또한 중국에서는 외설적인 색이라고 하면

PINK

노란색, 스페인에서는 녹색, 이탈리아에서는 빨간색이다. 의외라는 생각이 들지만 핑크와 에로를 연결 짓는 것은 일본의 독자적인 생각인 것 같다.

이렇게 말하면 ‘아니지, 전대물에 나오는 여자 캐릭터는 전통적으로 핑크잖아’라고 생각하는 사람이 있을지도 모른다. 그도 그럴 것이 1975년에 방송을 시작한 특수 촬영 텔레비전 드라마 〈비밀전대 고레인저〉에서 홍일점인 여자 멤버는 ‘모모* 레인저’다. 그런데 무대 뒤에서는 이 네이밍에 대해서 꽤나 말이 많았던 모양이다. 제작진 측은 다음과 같이 회상한다.

> “유일한 여성인 핑크 레인저는 어떻게 하죠?”
> “아이들한테는 이미지가 안 좋을까?”
> 핑크 영화, 핑크 산업 등 핑크가 지나치게 에로틱하게 사용되어 왔기 때문이다.
> “핑크가 아니면, 모모(복숭아)?”
> “모모는 더 야하지 않아요?”

* ‘모모もも’는 일본어로 복숭아다.

"아니지, 과일 모모(복숭아), 하트모양 모모(복숭아), 그리고 포동포동한 여성의 모모(허벅지)야. 약간 불량스러운 느낌이 들어서 좋은걸?"

이렇게 해서 모모 레인저로 결정됐다.

〈일본 히어로는 세계를 제패한다〉,

기노시타 에이지 저, 1995년

이 증언에서 유추해볼 수 있는 것은 당시에 '핑크'가 아이들 방송에서 사용을 꺼릴 만큼 좋지 않은 느낌의 단어였다는 사실과 복숭아가 에로의 대명사가 된 이유 중 하나는 아무래도 '후토모모(허벅지)'와 '모모(복숭아)'의 음이 같기 때문인 것 같다는 것이다. 어찌되었든 성적인 것을 연상하게 만드는 핑크는 안 되지만, 모모는 건강한 섹시미로 간신히 통과될 수 있었다. 모모레인저는 남자아이들을 위한(어쩌면 아빠들을 위한?) 것이었기 때문에 용인될 수 있었던 캐릭터였는지도 모른다.

이렇게 탄생한 유일한 여성대원 모모레인저는 당시 큰 화제가 되었고, 여자아이들은 물론이고 여대생들 사이에서도 큰 인기를 얻었다(무려 25%의 최고시청률을 기록했다). 핑크색 옷을 입고서 보호를 받거나 섹시미를 발산하는 것이 아니라 폭탄처리 전문가로 활약하는 모모레인저의 모습에 용기를 얻은 여자아이도 많았을 것이 틀림없다. 이후로 전대물에 핑크색 여성대원은 빠질 수 없는 캐릭터가 되었다.

하지만 적잖이 에로틱한 이미지를 가지고 있는 핑크색 옷을 자신의 딸에게 입히고 싶냐고 물으면, 그건 좀 곤란하다고 생각하는 부모가 많았던 모양이다. 우리 세대 여성들은 핑크색 옷이나 장난감이 존재했지만, 아무리 사달라고 졸라도 부모님이 허락해 주시지 않았다고 회상한다. 가토 자*가 알몸 콩트를 할 때 켜는 스포트라이트 조명 색이었다는 이유 때문은 아니겠지만, 어린 나에게도 왠지 모르게 핑크는 파렴치한 색이라는 느낌이 있었다. 고도성장기의 여자아이에게는 핑크 대신에 '빨강과 하양'이 할당되었다. 일본 최초의 소녀 애니메이션 〈요술공주 샐리〉(1966년 방송 시작), 뒤이어 나온 〈비밀의 아코짱〉(1969년 방송 시작), 〈들장미 소녀 캔디〉(1976년 방송 시작)

* 일본의 배우이자 개그맨

의 주인공은 빨간색과 하얀색을 중심으로 한 의상을 입었다. 이런 분위기 속에 여자아이의 가방색은 당연한 듯이 빨강이었다. 지금은 핑크색 이미지가 강한 헬로키티도 1974년에 처음 탄생했을 때는 빨강과 하양으로 채색되어 있었다. 초대 헬로키티 디자인이 결정된 경위는 당시 산리오사의 사장이었던 쓰지 신타로 씨의 에세이 《이것이 산리오의 비밀입니다》(2000년)에 자세히 소개되어 있다. 새로운 동물 캐릭터를 도입하기에 앞서서 설문조사를 한 산리오사는 '빨강과 하양의 조합'에 대한 선호도가 높다는 사실을 알게 되었다. 그래서 탄생한 것이 빨간 리본을 단 하얀 고양이 캐릭터였던 것이다. 디자이너인 밥 이글턴은 빨강과 하양의 조합에 대해서 다음과 같이 말했다. "원색은 캐릭터에 적합한 색입니다. 특히 빨강은 강렬한 색이고, 하양과 섞으면 핑크가 되기 때문에 매우 여성적입니다. 빨강과 하양을 늘어놓으면 두 가지 색을 쓴 것 같지만, 그 경계선을 번지게 하면 무의식적으로 핑크를 느끼게 됩니다."(《거액을 벌어들이는 헬로키티의 생태》, 2004년). 어쩌면 빨강과 하양은 핑크의 대체품이었는지도 모른다.

1970년대 후반에는 '핑크레이디*'가 등장하면서 핑크가 여자아이들의 색이 되는 데 큰 기여를 했다. 아이돌이라고 하면 '청초하고 어른스럽고 기품 있는 것'이 당연하게 여겨지던 시대에 노출 수위가 높은 핑크색 의상을 입고 데뷔한 그녀들은 당초에는 틀림없이 성인 남성을 겨냥한 섹시 듀오였을 것이다. 하지만 핑크레이디가 텔레비전에 등장하자 그녀들이 내뿜는 섹시함과 품위 없고 우스꽝스러운 춤사위가 여자아이들을 매료시켰다. 그 기세가 얼마나 굉장했는지 1970년대에 태어난 여성 중에서 그들의 대표곡인 'UFO'의 안무를 모르는 사람이 거의 없다는 사실이 한 방송 프로그램을 통해서 검증되었을 정도다. 당시 유치원생이었던 나도 부모님이 '사우스포**'의 핑크색 의상(야구 유니폼을 스팽글을 단 핑크색 탱크톱과 핫팬츠로 꾸민 것)을 입히는 바람에 상당히 부끄러웠던 기억이 난다. 핑크와 반짝반짝한 손 글씨는 나에게는 도무지 어울리지가 않아서 옷이 붕 떠있는 것 같다는 생각이 들었다. 아마도 그 무렵이 여자아이에 대한 핑크 해금의 시작점이었을

* 2인조 여성 아이돌 그룹

** 1978년에 발매된 핑크레이디의 7번째 싱글

THINK

것이다. 무엇보다 핑크레이디는 부모 세대까지 포함한 국민적인 스타였다. 에로틱한 눈으로 보기에는 지나치게 기발한 가사에 맞춰서 역동적으로 춤추는 두 여자아이가 '핑크=에로틱'이라는 이미지를 바꾼 것이다.

이렇게 해서 핑크는 서서히 여자아이 문화에 진출하기 시작했다. 도에이 마녀 소녀 시리즈*의 마지막 작품인 〈마법소녀 라라벨〉(1980년 방송 시작)에서는 주인공이 드디어 핑크를 전면에 내세운 원피스를 착용했다. 다만 이 시점에서는 아직 진한 색채를 많이 사용했기 때문에 현대 여아용 장난감의 여린 색감과는 거리가 멀다. 주인공의 헤어 컬러가 핑크인 1982년의 〈요술공주 밍키〉는 부드러운 색조로 현대 여아용 애니메이션의 색감과 꽤 가까워졌다(여담이지만 마녀소녀 시리즈에서 일명 '큰 친구大きいお友だち' 라고 불리는 남성 팬의 존재가 인식되기 시작한 것도 이 작품부터였다. 홋타 준지의 《모에 모에 재팬》에 따르면 주인공 모모는 '일본 최초의 모에 캐릭터'라고 한다).

여자아이 문화에 핑크가 진출하는 데 결정적인 역할

* 도에이東映사에서 1966~1981년까지 15년에 걸쳐서 간헐적으로 제작한 마법소녀 애니메이션의 총칭

PINK

을 한 것은 피에로 마법소녀 시리즈* 첫 작품으로 1983년에 방송을 시작한 〈마법천사 크리미마미〉다. 여성 일러스트레이터인 다카다 아케미 씨가 만들어낸 부드럽고 동글동글한 선에 파스텔컬러를 많이 사용한 캐릭터 디자인이 여자아이들의 마음을 사로잡았다. 다카다 씨는 인터뷰에서 "저한테도 첫 번째 오리지널 작품이었기 때문에 제가 좋아하는 색인 파스텔컬러를 많이 사용했습니다"라고 대답했다. 또, 현대 패션 아이템으로 인기를 끌 수 있었던 이유에 대해서는 이렇게 답했다. "여자아이들이 좋아하는 파스텔컬러가 메인이었던 것이 인기의 원인이 아니었을까요?" "여성 팬은 10대부터 40대까지 연령 폭이 넓습니다. 엄마 손을 잡고 온 여섯 살 여자아이가 '마미, 귀여워'라고 하더군요. 마미의 귀여움에는 보편성이 있는 것 같다는 생각을 했습니다."

〈마법천사 크리미마미〉는 여자아이를 타깃으로 한 마녀소녀 시리즈로는 이례적으로 방송이 끝난 지 30여 년이 지난 현재도 많은 팬을 거느리고 있다. 나카가와 쇼코, 시

* 스튜디오 피에로가 제작한 마법소녀 애니메이션 시리즈

THINK

노하라 도모에, 스즈키 사와 등 많은 여성 탤런트가 이 작품의 팬임을 공언했을 뿐 아니라 2008년에 서브컬처 계열 브랜드 'QUOLOMO'가 티셔츠를 발매한 것을 시작으로 다양한 하라주쿠 계열 브랜드가 이 작품을 모티브로 한 패션 아이템을 내놓고 있다. 2015년에는 109*계열 브랜드인 '세실 맥비'가 콜라보 상품을 발매했다. 크리미마미의 귀여움이 젊은 여성들에게도 통한다는 사실이 입증된 것이다.

〈마법천사 크리미마미〉가 새로웠던 것은 색조뿐만이 아니었다. 크리미마미는 '식탁에서 신문을 읽는 아빠와 가사에 힘쓰는 엄마' 같은 가족 애니메이션의 전형적인 장면 묘사를 하는 대신에 부부가 맞벌이로 사이좋게 크레이프 가게를 운영하고, 때로는 아빠도 요리를 하는 모습을 보여 주었다. 또, 여주인공은 순진한 우등생 여자아이가 아니라 귀여운 목소리로 어른을 속이는 당찬 모습도 보여준다. 여성이 대가족을 돌보느라 고생하는 전통적인

* 시부야 109. 도쿄 시부야를 상징하는 패션몰로 10~20대 여성들로부터 절대적인 지지를 얻으며 시부야의 상징처럼 자리 잡았다.

PINK

일본가정이 아니라 조각케이크 같이 귀여운 서양풍의 단독주택에서 가족들이 각자 자유롭게 생활한다. 가부장제 아래서 '어른이 되어서 엄마처럼 종속적으로 살기는 싫어요. 더 자유롭게 살고 싶어요'라고 기도하는 시골 여자아이들에게는 마치 꿈같은 세계다. 《소녀와 마법-걸 히어로는 어떻게 수용되었는가》(스가와 아키코, 2013년)에서는 다음과 같이 간략하게 기술하고 있다. "조각케이크 하우스와 크레이프라는 귀여운 외관의 '서양' 표상과 연결된 모리사와 가족에게는 서양의 귀여움이 새겨지고, 가부장적인 가족 규범에서 벗어난 뉴 패밀리의 전형으로서 이상화되어 있다." 파스텔색은 가부장적인 가족규범에서 멀찌감치 떨어진 희망의 색이었다.

〈마법천사 크리미마미〉를 낳은 1980년대는 '여성의 시대'라고 불렸으며 이전까지 하찮게 여겨졌던 여성과 아이의 문화에 빛이 닿은 시대였다. 1970년대까지는 '여자학생망국론女子學生亡國論', '부인참정권망국론婦人參政權亡國論' 등 소위 지식인이라 불리던 남성우월론자들에 의한 여성비판이 주간지를 떠들썩하게 했다. 정치 이데올로기와 아카데믹한 교양을 바탕으로 한 계급사회에서 사상을 가지

지 않는 경조부박*한 여자는 나라를 망치는 쓸모없는 존재라고 여겨졌던 것이다. 그런데 학생운동이 한풀 꺾이고 '전쟁을 모르는 아이들' 세대가 사회의 주류를 이루게 되자 경조부박한 것이라고 해서 꼭 미워할 필요가 없어졌다. 시대는 중후장대重厚長大에서 경박단소輕薄短小로 옮겨갔다. 텔레비전은 '카루챠 노선軽チャー路線**'을 내걸고, 젊은 지식인들은 '쇼와 경박체'로 속물적인 문장을 쓰고, 울적함과 답답함을 벗어던진 가벼움과 재미가 존중받게 되었다. 반대로 옛날에는 남자다운 것으로 떠받들어지던 '진중함', '얼굴에 드리워진 그늘', '성실함'은 '네쿠라***'라며 경멸의 대상이 되었다. 혁명 환상이 무너진 대신에 '의미에 구애되는 남자 사회의 바깥에 있는 순수한 소녀야말로 사회를 변혁시킬 수 있는 새로운 힘이 있다'는 소녀 환상이 생겨난 것이다. 어른들은 소녀 만화에 대한 성적인 관

* 輕佻浮薄, 말과 행동이 신중하지 못하고 가벼움

** '가볍고 들뜬 방송'을 하자는 뜻. 이전까지 '엄마와 아들의 후지텔레비전'이라는 슬로건을 내걸었던 후지텔레비전이 1981년에 '즐겁지 않으면 텔레비전이 아니다'라는 새로운 캐치프레이즈를 내걸었다. 재미있는 방송, 시청자가 웃을 수 있는 방송을 만들자는 의식 개혁의 슬로건이었다.

*** 천성이 어두운 사람

PINK

심과 더불어서 변체 소녀 문자* 등 '귀여운' 소녀문화에 흥미를 보이기 시작했다. 이런 분위기를 타고 소녀 만화 또한 무거운 이야기를 걷어내고 '러브 코미디' 노선으로 선회하며 인기를 끌었다. 소녀 아이돌 붐, 귀여운 선원 캐릭터를 전면에 내세운 브랜드 '세일러즈', 크레이프로 대표되는 발랄한 하라주쿠 문화와 함께 '남자 · 중후함 · 흑백논리 · 가부장적'인 시대에서 '여자 · 경박함 · 파스텔컬러 · 뉴 패밀리'의 시대로 옮겨간 것이다. 앞서 기술했던 로코코 시대와 헤이안 시대의 핑크 취향을 방불케 하는 변화다.

패전의 상처가 아물고 1980년대에 들어서서 마음이 들뜨기 시작한 일본이지만 파스텔색이 세상에 넘쳐나도 소녀들을 대상으로 한 팬시 상품이 온통 핑크색으로 채워지지는 않았다. '핑크=에로틱한 이미지'가 옅어진 대신 귀여운 척하는 색깔이라는 이미지가 따라다녔기 때문이다.

팬시 문화의 총 본산이라고 할 수 있는 산리오사에서 1980년대에 내놓은 인기 캐릭터를 살펴봐도 '고로피카돈',

* 귀엽게 변형하여 쓴 글씨

'프레쉬 펀치', '턱시도 샘', '더 보드빌 듀오', '펀 컴 얼라이브', '자시키 부타' 등 파스텔컬러나 베이지 계열이 주류를 이루었고, 핑크를 기본으로 한 캐릭터는 '마이 멜로디'와 '리틀 트윈스타즈(키키 · 라라)' 정도밖에 없었다. 2010년대의 산리오숍이 온통 핑크색인 것에 비하면 놀라울 정도로 핑크가 적다.

그 이유 중 하나로 생각해볼 수 있는 것은 당시 용돈을 손에 들고 팬시 숍에 출입할 수 있었던 것이 초등학교 고학년 소녀들로 한정되어 있었다는 사실이다. 일반적으로 핑크와 반짝거리는 데코레이션, 프린세스를 좋아하는 것은 7세 이하의 여자아이들이지만 그녀들은 아직 소비의 주역이 아니었다. 크리미 마미가 마법의 힘으로 어른 여성이 되어서 파스텔색 옷을 입었던 것처럼 당시의 초 · 중학생 여자아이들의 '귀여운' 취미는 연령에 맞춰서 세련미를 더해야 했다. 팬시상품을 졸업하면 일반적으로 청바지를 기본으로 하는 미국식 캐주얼이나 세련된 프랑스식 캐주얼 등 캐주얼 패션으로 옮겨갔다. 귀여운 취미는 다른 사람들이 보면 유치한 소녀 취향과 동일시되기 십상이지만, 당사자인 소녀들은 그런 의식이 별로 없다. 소녀들 입장에서는 파스텔컬러의 물건을 소유해서 친구들에게 '귀엽다'고 칭찬받는 것은 바람직하지만, 하늘하늘한 핑크색의 공주 같은 복장으로 '귀여운 척 하는 아이'라고 야유를 받는 것은 피하고 싶을 것이다. 이 감각은 자신의 욕망을 감춰야만 하는 압박에 기반하고 있다. 에세이스트인 사카이 준코는 당시 소녀들의 감각에 대해서 다음과 같이 기술하고 있다.

> 이제 와서 세이코 커트* 시대의 여자아이들 단체 사진을 보면 '앞머리 숱이 왜 이렇게 많아!'라는 생각이 드는데, 그 당시의 십대들에게 얼굴은 치부이며 숨기는 것이 당연했다. 왜 그녀들이 이마를 감췄냐 하면 거기에는 '본성을 드러내서는 안 된다'는 심리가 있었기 때문일 것이다.
>
> **〈귀척하는 아이〉, 《휴대전화가 없는 청춘》, 2011년**

이마뿐만 아니라 롱스커트로 다리를, 헐렁한 상의로

* 여성 아이돌 마츠다 세이코의 데뷔 당시(1980년)의 헤어스타일로 일본 젊은 여성들 사이에서 유행했다. 앞머리를 무겁게 내려서 이마를 가리고, 가볍게 컬을 넣은 단발머리다.

체형을, 옷소매를 길게 늘여서 손을 가리는 등 당시의 소녀들은 무조건 감추고 싶어 했다. 세이코 커트를 한 보통 소녀뿐만이 아니다. 불량소녀 역시 이렇게 행동했다. 소녀문화가 인기를 얻기는 했지만 당사자인 소녀들은 자신을 드러내는 것이 부끄럽다고 생각한 것이다. 시부사와 다츠히코의 《소녀 컬렉션 서설》(1985년)에 따르면, 소녀란 사회적으로나 성적으로나 무지하고 순진해서 '스스로 먼저 말하지 않는 수동적인 존재'로 있음으로써 남자 사회에서 가치를 인정받을 수 있는 존재였기 때문이다. 1980년대의 소녀 아이돌은 '가족이나 친구가 멋대로 오디션에 응모했다'거나 '친구를 따라갔다가 우연히 붙었다'고 한발 물러남으로써 유명세를 타고, 입을 살짝 벌려서 순수함을 연출했다. 소녀 만화의 주인공은 스스로에게 자신감이 없고 별로 중요하지 않은 일로 고민할 만큼 소심하고 덜렁대지만 그렇기 때문에 남자들에게 사랑받는다. 하지만 정작 본인은 남성들의 호의를 눈치채지 못한다. 이처럼 복잡한 소녀가 당시의 전형적인 주인공 캐릭터였다. 자신의 매력을 자각하고 그것을 연출하기 시작하면 그것은 이미 순진한 것이 아니고, 따라서 귀엽지 않은 것이 된다. 이런 가치관이 박힌 1980년대 소녀에게 있어서 핑크색 옷을 입는 것은 스스로의 귀여움을 자각하고 남에게 잘 보이려고 하는 부끄러운 행동이었다. 나와 같은 세대의 여성이 쓴 에세이는 당시의 기분을 잘 표현하고 있다.

> 핑크. 그렇게 자기애가 강해보이는 색도 없을 것이다. 그렇게 아양을 떨며 발정하는 색도 없다.
> 그렇게 '귀여움'이 획일적으로 기호화된 색도 없다. 핑크를 좋아한다고 공언하거나 핑크색 물건을 가지고 다니는 것은 귀여움 받고 싶은 기분을 전면에 내세우고 다니는 것과 마찬가지다! 이런 것은 비겁하고, 무엇보다 부끄럽다. 애완동물처럼 자신을 사랑해달라고 세상 사람들에게 내보이는 것은 내 자존심이 허락하지 않는다! '여자는 핑크색'이라고 생각하는 사람도 있지만 나는 여자이기 이전에 사람이다! 뭐 이런 연유로 나는 꽤나 오랫동안 핑크를 이유 없이 싫어했다.
>
> **〈핑크와 화해하자〉**
>
> **《네 녀석은 언제까지 여자아이로 있을 작정이야 문제》,**
>
> **제인 수 저, 2014년**

THINK

일본인 여성들의 핑크에 대한 생각이 바뀐 것은 1990년대 중반부터일 것이다. 헬로키티의 기본 색이 핑크가 되고 리본이 꽃으로 바뀌고 나서 1980~90년대 전반까지 침체되어 있었던 헬로키티의 인기가 다시 폭발적으로 올라갔다. 이 리뉴얼은 헬로키티 디자이너 야마구치 유코 씨가 하라주쿠의 한 숍에서 핑크색 줄이 달린 손목시계가 가장 잘 팔린다는 사실을 알게 된 것에서 시작되었다고 한다(《키티의 눈물》, 모리 아야 저, 2009년). 야마구치 씨는 여고생이 명품 지갑이 가지고 싶어서 원조교제를 한다는 말을 듣고 사인회에서 만난 여고생에게 이렇게 물었다. "핑크색 키티 장지갑이 있으면 살래요?" 여고생은 살 거라고 대답했다. 이렇게 해서 1997년에 펄 핑크 키티 시리즈가 탄생했다. 펄 핑크 퀼트지에 핑크색 꽃으로 머리를 장식한 헬로키티 파우치와 휴대전화 케이스 등은 눈 깜짝할 사이에 젊은 여성들 사이에서 유행하기 시작했다. 핑크의 어린아이 같은 느낌을 중화시킨 반짝이는 핑크는 명품가방에 넣어도 위화감이 없었기 때문이다.

샤이니 핑크 헬로키티가 헬로키티와 핑크가 가지고 있었던 '어린 아이용 귀여움'이라는 이미지를 새롭게 탈

바꿈했다. 붐을 뒷받침한 것은 '고갸루*'라고 불리는 여고생들이었다. 고갸루는 '강하고 자유롭고 개성이 강한 여고생이라는 긍정적인 셀프 이미지를 가지고 있는' 새로운 소녀상으로 정의되었다(〈'갸루 계'가 의미하는 것: '여고생'을 둘러싼 미디어 환경과 사춘기 소녀의 셀프 이미지에 대해서〉, 사토(사쿠마) 리카 저, 2002년). 그녀들은 이전까지 이상적인 모습으로 인식되었던 '순종, 순진무구, 청초함' 등의 요소를 소녀에게서 벗겨내도 소녀들이 여전히 매력적인 존재라는 사실을 일깨워주었고, 그 후의 소녀상을 완전히 변화시킬만한 영향력이 있었다.

THINK

1990년대 이후 소녀들은 이마를 드러내고, 교복 치마를 짧게 줄여서 다리를 내놓고, 안짱다리 걸음이 아니라 당당한 걸음으로 대지에 발을 내딛게 되었다. 우물쭈물하기보다 젊은 신체를 자랑하듯이 행동하는 것이 멋있다는 가치관이 힘을 얻기 시작한 것이다. 모닝구무스메와 SPEED 같은 인기 아이돌 그룹도 아이돌을 목표로 주체

* 고갸루コギャル는 1990년대를 풍미했던 여고생들을 이르는 말로, 그녀들은 미니스커트에 루즈삭스, 갈색 머리를 하고 자신들만의 독특한 말투를 사용했다.

적으로 노력하는 모습을 보였고, 그 스토리성을 무기로 히트 차트에서 군림했다. 소녀들은 더 이상 귀여움을 지향한다는 사실을 감출 필요가 없어졌다. 여성의 사회 진출과 함께 이전까지 귀여운 척한다고 거리낌의 대상이 되던 아이는 여자력女子力*이 높다는 평가를 받게 되었고, 여자력을 높이는 것이 생존 전략의 하나로 적극 권장되었다. 핑크도 그렇다. 여성성이라는 것은 약하고 어리석은 것이라는 메시지를 주입받으며 자라서 여성성을 삐뚤게 보았을 세대의 여성들과는 달리 강함을 칭찬받으며 자란 그녀들에게는 핑크를 기피할 이유가 없었는지도 모른다.

이렇게 해서 일본에서도 핑크는 누구도 꺼리지 않는 여자아이의 색이 되었다. 종래의 제품에 여성용 라인이 새로 등장할 때면 색상은 반드시 핑크였다. 여성용 캠페인 포스터도 핑크, 여학생을 대상으로 한 대학 홍보 페이지도 핑크가 되었으니 여아용 장난감이 핑크색으로 통일된 것은 말할 것도 없다. 여성이 솔직하게 핑크를 즐길 수

* 스스로의 삶의 방식이나 아름다움, 센스로 자신의 존재를 드러내는 힘을 뜻한다. 2009년부터 유행하기 시작한 단어로 정확한 정의는 내려지지 않았지만, 일반적으로 여성스러운 태도와 용모를 중요시하는 것을 뜻한다.

있는 시대가 되었다고 축배를 들어야 하는 걸까?

하지만 핑크가 여전히 어린아이 같은 느낌이나 성적인 이미지를 환기시키는 색인 이상 핑크를 강요당하는 것에 반발하는 여성도 적지 않다. 특히 여아용 제품이 핑크색으로 도배된 상황에 대해서는 일본보다는 서양에서 비판의 목소리가 많이 들린다. 다음 장에서는 '안티 핑크' 운동에 대해서 다뤄보겠다.

2

핑크에 대한 반발

Girls.

걸즈

You think you know what we want, girls.
Pink and pretty it's girls.
Just like the 50's it's girls.

우리 여자아이들이 원하는 것이 무엇인지 아는 것 같죠?
핑크색과 귀여운 물건, 그것이 여자아이.
마치 50년대 같아요.

You like to buy us pink toys
and everything else is for boys
and you can always get us dolls
and we'll grow up like them... false.

다들 핑크색 장난감을 우리에게 사주고 싶어 하죠.
그것 빼고 다른 장난감은 모두 남자아이들의 것.
언제나 여자아이에게는 인형을 안겨주면 된다고요?
그렇게 하면 인형 같이 자랄 거라고요?
그럴 리가 없잖아요.

It's time to change.
We deserve to see a range.

'Cause all our toys look just the same
and we would like to use our brains.
We are all more than princess maids.

이제 변해야 해요.
여자아이도 넓은 선택지를 알 자격이 있어요.
여자아이용 장난감은 다 똑같이 보여요.
우리도 머리를 쓰고 싶어요.
우리는 공주과보다 나은 걸요.

Girls to build the spaceship,
Girls to code the new app,
Girls to grow up knowing
they can engineer that.

우주선을 만드는 여자아이.
새로운 어플리케이션을 코딩하는 여자아이.
여자아이도 그런 걸 설계할 수 있다는 사실을
배우며 자라는 여자아이.

Girls.
That's all we really need is Girls.
To bring us up to speed it's Girls.
Our opportunity is Girls.

Don't underestimate Girls.

걸즈.
우리가 정말 원하는 것은 걸즈뿐.
우리를 빨리 달리게 하는 건 걸즈.
우리의 기회도 걸즈.
걸즈를 얕보지 마요.

텔레비전 화면 안에서 핑크색의 하늘하늘한 드레스를 입고 춤추는 소녀들을 불만스런 얼굴로 바라보는 또 다른 소녀들. 그런데 레코드 플레이어에서 비스티 보이즈의 히트곡 '걸즈'의 번안곡이 흘러나오기 시작하자 귀여운 여아용 완구를 짜 맞추어 만든 피타고라스위치* 같은 대규모 장치가 움직이기 시작한다. 이것은 2013년에 인터넷에서 공개된 여아용 완구 '골디 블록스'의 프로모션 영상의 내용이다. 설립된 지 얼마 안 되는 소규모 회사가 만든 저예산 영상이었음에도 불구하고 800만 건 이상의 조회수를 기록했고, 미국의 미디어를 중심으로 여기저기서 화제가 되었다.

* 일본의 한 과학실험소 이름

PINK

이 영상을 프로듀싱한 사람은 어린 여자아이가 놀면서 엔지니어링을 배울 수 있게 해 주는 완구 '골디 블록스' 프로젝트를 시작한 젊은 여성 엔지니어 데비 스털링이다. 완구 콘셉트의 신선함은 물론이거니와 '설거지하는 소녀, 내 방을 청소하는 소녀, 빨래하는 소녀, 우리가 소녀들에게 정말로 원하는 건 그것뿐'이라는 성차별적인 뉘앙스를 풍기던 원곡 가사를 여자아이들에게 용기를 주는 가사로 바꾼 프로모션 영상은 혁신적인 작품을 빠르게 받아들이는 네티즌들을 매혹시키기에 충분했다. 데비 스털링은 회사를 세운 지 고작 1년도 안 되었음에도 불구하고 핑크로 도배한 여아 완구의 세계에 반기를 든 '록 스타'로 시대의 총아가 되었다.

스탠포드 대학에서 공학을 전공한 그녀는 공학 디자인 수업을 들으면서 여아용 조립 완구의 필요성을 통감하게 되었다고 한다. 대학 시절 한 반의 대부분을 차지하는 남학생들은 입체적인 제도 수업을 별 어려움 없이 소화했다. 그런데 그녀는 남학생들처럼 잘 마무리할 수가 없었다. 일반적으로 여성이 남성에 비해서 공간 파악 능력이 떨어진다는 것은 통계적으로도 잘 알려진 사실이다. 반

친구들이 보는 앞에서 교수님께 제대로 못한 부분을 지적 받고 울면서 교실을 뛰쳐나간 그녀는 많은 여성들이 그러는 것처럼 '나는 여자라서 공학이랑 잘 안 맞는다'며 전공 공부를 포기할 지경에 이른다. 그런데 불행 중 다행으로 그녀의 편을 들어주는 남학생이 있었다. 그에게 격려를 받고서 밤새도록 맹렬한 기세로 제도를 공부한 데비는 이런 피나는 노력 덕분에 상황을 극복할 수 있었다.

그런 경험을 한 후에 그녀는 조립 완구로 놀면서 자란 아이가 공간 파악 능력 테스트에서 좋은 성적을 거둔다는 사실을 알게 되었다. "너무나 유감스러운 일이라고 생각합니다. 부모님은 저와 제 여동생이 어렸을 때 레고블록이나 조립장난감, 원목블록을 사주지 않았지요. 그런 것들은 남자아이들이 갖고 노는 장난감이라고 생각했던 것입니다. 백년이 넘도록 그런 장난감들은 남자아이용으로 판매되어 왔습니다. 그래서 남자아이들이 수학이나 과학에 더 흥미를 가지는 것이지요. 한편 여자아이는 주로 인형이나 메이크업 세트를 선물 받습니다. 이것은 불공평합니다(TED 토크 '차세대 여성 엔지니어에게 희망을' 중에서)." 그녀는 여아용 공학 완구를 만들어서 현대의 여자아이들이 자신보다 훨씬 빠른 나이에 공학에 대한 열정을 품게 만들겠다고 다짐했다.

회사를 그만둔 데비는 몇 달 동안 집에 틀어박혀서 계속해서 실험작을 만들었다. 대상 연령인 5~9세의 여자아이들이 좋아서 달려들 만한 장난감이 아니면 의미가 없다. 1960~70년대의 중성화 운동 때 그랬던 것처럼 성 차이를 무시하고 남아용 완구를 여자아이들에게 강요하기만 해서는 안 된다고 생각했다. 그런데 대상 연령대의 소녀 100명 이상과 실제로 만나서 실험작으로 놀게 했더니 소녀들은 금방 싫증을 냈다. 데비는 소녀들에게 물었다. “제일 좋아하는 장난감이 뭐니?” 소녀들이 가지고 온 것은 그림책이었다. 많은 여자아이들은 이야기를 아주 좋아한다. 여자아이들이 인형놀이나 소꿉놀이 등 이야기에 몰두하기 쉬운 장난감을 선호하는 것은 이런 이유 때문이었다. 여기서 힌트를 얻은 데비는 모험을 떠난 엔지니어 ‘골디 블록스’가 기계를 만들어서 문제를 해결해간다는 이야기 요소를 조립식 완구에 첨가했다. 많은 여자아이들을 사로잡기 위해서는 ‘왜 자신이 이것을 조립하는가?’ 하는 스토리가 필요하다고 판단한 것이다. 이런 과정을 거쳐서 부록으로 들어 있는 그림책의 이야기에 맞게 판자 위에 리본과 블록, 장식을 배치해서 장치를 작동시키는 완구 '골디 블록스와 스피닝 머신Goldie Blox and the Spinning Machine'이 탄생했다. 색깔도 핑크를 전면에 내세우지 않고 파스텔컬러로 귀엽게 만들었다. 여자아이들 사이에서 평판이 아주 좋았다.

그녀는 완성된 작품을 가지고 뉴욕의 국제 완구전시회장에 들어섰다. 그런데 양복 차림의 남성들로 꽉 찬 회장에서 그녀는 뜻밖의 고역을 치렀다. 한 남성은 "여자아이용 조립장난감은 안 팔린다"고 귀띔하면서 여자아이들에게 어떤 것이 잘 팔리는지 보여주겠다며 핑크색으로 가득한 여아용 완구 판매장으로 끌고 가기도 했다. 아무것도 변하지 않을 것만 같았다.

하지만 2012년에 크라우드 펀딩 사이트 '킥 스타터kick starter'에서 자금을 모은 결과 상황이 완전히 변했다. 독특한 취향을 가진 사람들에게 관심을 받으며 불과 나흘 만에 목표액을 달성해서 회사를 설립할 수 있었던 것이다. 2013년 7월까지 5만 세트를 판매했고, 장난감 및 유아용품 전문 소매업체인 '토이저러스Toys"R"Us'와 전국 유통 계

약까지 맺었다.

'골디 블록스'의 약진에 손해를 본 것은 패러디된 CM 송의 원곡 가수인 비스티 보이즈였다. '골디 블록스' 영상이 인터넷에서 큰 화제를 모으는 바람에 원곡의 성차별적인 가사가 도마 위에 올랐기 때문이다. 그들은 '골디 블록스'에 예의를 갖추면서도 온화한 태도로 무단 사용에 대한 이의를 제기하는 공식 서한을 보냈다. 하지만 골디 블록스 측은 '노래를 패러디하는 것은 합법'이라며 오히려 비스티 보이즈를 고소했다. 패러디한 쪽이 원곡자를 고소하는 것은 전대미문이었지만, 그래도 여론은 '골디 블록스'의 편을 들어주었다(현재는 화해 신청이 받아들여져서 공식 영상에서는 다른 노래를 사용하기로 합의했다). 대개의 경우 페미니즘적인 주장은 히스테리를 부린다고 욕을 먹거나 쓸데없는 트집을 잡는다는 비난을 받기 마련이다. 그럼에도 불구하고 단 한 사람의 노력으로 세상의 분위기를 바꾼 그녀의 영리함과 센스에 용기를 얻게 된다(고소한 것도 아닌데 일방적으로 나쁜 놈들 취급을 받은 비스티 보이즈는 딱하게 되었다고밖에 할 말이 없지만 말이다).

2014년에는 한 편 방송하는 데 450만 달러를 내야 한다는 슈퍼볼의 고액 텔레비전 중간광고에 '골디 블록스'의 CM이 흘러나오게 되었다. 종업원이 고작 50명 정도밖에 안 되는 신생 기업이 어떻게 그럴 수 있었을까? 골디 블록스에게 CM 방송 기회를 준 것은 중소기업을 응원하는 'intuit'가 주최한 '스몰 비즈니스 빅 게임 챌린지'였다. 방송권을 얻기 위해서 1만 5천 개 이상의 기업이 참가했는데, 그중에서 가장 많은 표를 얻은 것이 '골디 블록스'였던 것이다. 골디 블록스의 이념을 지지하는 대규모 팬 커뮤니티가 이미 확립되어 있다는 사실을 증명했다고 할 수 있다. 이때 방송한 텔레비전 광고는 소녀들이 핑크색 성과 소꿉놀이 도구, 인형 등 소위 여아용 장난감이라고 할 만한 장난감을 들고 모여서 로켓에 태워 우주로 발사하는 것이었다.

> 소녀들이여 목소리를 높이자.
> 핑크, 핑크, 온통 핑크!
> 우리는 생각하고 싶어.
> 무언가를 조립하고 지성을 기르고 싶어.
> 자, 우리들의 시간이야.

"걸즈, 남자아이들처럼 조립하자"는 가사의 메시지와 함께 미인 선발 대회장에 있던 소녀들이 티아라를 벗어 던지고 로켓 쏘기에 참가하는 영상은 근육질 남성들의 취향에 맞춰서 편성되기 쉬운 스포츠 방송의 중간 광고로는 상당히 획기적이었을 것이다.

> "장난감 업계는 잘못되어 있었습니다. 분명히 공주님이나 티아라를 좋아하는 여자아이도 있을 겁니다. 사실 저도 좋아하지만 그것 외에도 재미있는 놀이들이 있습니다. 가능성은 무궁무진합니다." (앞의 TED 토크에서)

'골디 블록스'는 '스피닝 머신'으로 성공을 거둔 뒤에 조에트로프* 장치를 만들어서 원시적인 애니메이션을 제작해 볼 수 있는 '무비 머신', 물을 싫어하는 강아지를 씻기기 위해서 경첩과 지렛대의 원리를 이용해서 강아지 인형을 물이 담긴 컵에 넣는 '탱크 덩크' 등 골디의 세계를 넓히는 키트를 속속 만들어내고 있다. 모두 놀면서 역학

* 회전하게 만든 여러 장의 그림을 사용하여 움직이는 환영을 볼 수 있도록 하는 기구

골디의 도르래 트리하우스(Goldie's Crankin Clubhouse)

출처: http://www.goldieblox.com

의 기본을 배울 수 있기 때문에 딸을 둔 부모들에게 좋은 평가를 받고 있다.

여자아이들을 위한 STEM 완구의 등장

DIY 돌 하우스 키트인 '루미네이트'는 골디 블록스와 같은 시기에 '킥 스타터'에서 자금을 모아서 상품화에 성공한 또 하나의 여아용 엔지니어링 완구다. 이 상품을 고안한 것은 앨리스 브룩스와 베티나 첸이었는데 그들은 제품 개발 당시 여대생이었다. 스탠포드 대학 석사과정 엔지니어링 프로그램 수업에서 만난 둘은 공학 수업을 듣는 여학생 수와 여성 엔지니어 수가 적다는 사실에 대해서 이야기하다가 자신들이 어린 시절에 여아용 장난감으로 놀지 않고, 조립식 장난감으로 놀았다는 사실을 깨달았다. 앨리스 브룩스가 여덟 살 생일에 선물 받은 장난감은 톱이었다고 한다. 그녀들은 평범한 여자아이들의 마음을 흔들만한 귀여움을 유지하면서 이과 분야의 지식을 얻을 수 있는 장난감을 만들기로 했다. 이렇게 해서 탄생한 '루미네이트'는 파스텔색 판자 등을 조립해서 자유롭게 인형의 집을 만들 수 있는 장난감이다. 하지만 그렇다고 해서 그냥 평범한 인형의 집은 아니다. 모터, 건전지, 케이블, 라이트 등이 들어 있어서 스스로 선을 배선해서 방에 불을 켜고, 선풍기를 돌리고, 엘리베이터를 움직이는 등의 전자 공작을 할 수 있다. 물론 천이나 종이 등을 이용해서 귀엽게 꾸밀 수도 있다.

'킥 스타터'에 투고한 실험작 영상이 하나같이 귀여웠기 때문인지 2012년 5월에 자금 조달을 시작하고 불과 몇 개월 만에 상품화가 결정되었다. '골디 블록스'처럼 펑키한 판촉 캠페인은 하지 않았지만, 그 우수성에 대해서 메이저 미디어 각 사가 방송했고 교육에 관심이 많은 보호자들도 주목했다. '토이저러스'와 '월마트' 등 대형 체인점에서 판매되기까지도 시간이 얼마 걸리지 않았다. 루미네이트는 타임지가 선정한 2014년 올해의 장난감 부문에서 1위를 차지할 정도로 성장했다. 펠트와 모터를 이용해서 솜사탕 기계를 만드는 여자아이들의 놀이 방법에 놀란 그녀들은 다양한 확장 패키지와 부속 장치를 투입해서 이제는 인형의 집 수준을 뛰어넘는 장난감을 개발하고 있다.

루미네이트 스쿨하우스

아이폰과 아이패드에서 라이트와 모터를 컨트롤 할 수 있는 액세서리 'rPower'도 그중 하나다.

'골디 블록스'와 '루미네이트'가 미국에서 이렇게까지 주목을 받을 수 있었던 배경에는 핑크 프린세스 투성이인 여아용 완구에 대한 안티테제가 있을 것이다. 하지만 이 획기적인 장난감들의 진정한 인기 비결은 여성에 대한 STEM 교육열이 높아진 사회 분위기에서 찾을 수 있을 것이다. STEM이란 'Science', 'Technology', 'Engineering', 'Mathematics'의 앞 글자를 딴 것으로, '과학 · 기술 · 공학 · 수학' 등 이른바 이과 계열을 총칭하는 말이다. 미국에서는 오바마 대통령이 취임한 이후 STEM 교육 추진을 교육 정책의 하나로 내걸었다. 과학기술 분야에서의 우위를 유지하기 위해서는 STEM 기술을 보유한 인재 육성이 반드시 필요하기 때문이다. 그러기 위해서 초등학교부터 대학교까지 프로그래밍과 로봇 제작 등을 활발하게 교육하고 있다. 그러나 STEM 관련 직종을 점유하는 여성의 비율은 24퍼센트에 머물러 있기 때문에 여성 기술자 육성이 급선무가 되고 있는 것이다. 2009년에 미국 전역에서 8~17세의 남녀 학생들을 대상으로 조사를 한 결과,

엔지니어링 직군에 흥미가 있는 남자아이는 24퍼센트였던 데 반해, 여자아이는 불과 5퍼센트에 지나지 않는 것으로 밝혀졌다. 단순하게 생각해서 여자아이의 흥미를 남자아이 수준으로 끌어올릴 수 있다면 그만큼 STEM 계열 인재가 늘어나게 된다. 게다가 STEM 관련 직종 일을 하는 여성이 다른 일을 하는 여성에 비해 33퍼센트 급여가 높다는 데이터는 보호자들에게도 매력적으로 비춰진다. 일을 한다면 가능한 남녀 간 임금 격차가 적은 직업을 고르기를 원하는 것이 부모의 마음일 것이다.

THINK

핑크에 반격을 가하는 여자아이들

여자아이들 중에서도 핑크 프린세스에 대한 반대 목소리가 등장하고 있다. 2011년에 온통 핑크인 여아용 장난감 코너에 선 네 살짜리 꼬마 라일라가 “장난감 회사는 여자아이에게 핑크색 장난감을 팔려고 하고 있어요! 왜 여자아이는 모두 프린세스 장난감을 사야 하는 거죠?”, “왜 여자아이는 죄다 핑크, 남자아이는 핑크 이외의 장난감을 사야 해요?", "프린세스를 좋아하는 여자아이도 있고, 슈퍼 히어로를 좋아하는 여자아이도 있단 말이에요!" 라고 화를 내면서 따지는(그게 전부인) 영상이 유튜브에서 400만 건의 조회 수를 기록하면서 미국 전역에서 주목을 받게 되었다. 앳된 얼굴과 어울리지 않는 논리 정연한 말투와 말하는 동안에 감정이 점점 격앙되어 장난감 상자를 팡팡 두드리기 시작하는 부분이 특히 사랑스럽다.

미국 ABC의 뉴스 방송에서 라일라를 초대했는데, 여성 캐스터는 그녀를 '슈퍼 히어로 철학자'라고 불렀다. 배트맨을 각별히 사랑하는 뉴욕에 사는 평범한 네 살배기 꼬마가 일주일 만에 미국의 영웅으로 떠올랐다. 여담이지만 라일라는 이로부터 1년 후에 킥 스타터에서 자금모집을 시작한 '골디 블록스'를 매우 마음에 들어 해서 골디 블록스의 영상에 등장함으로써 자금 모집에 공헌했다.

2014년 1월에는 미국에 사는 일곱 살 소녀가 손으로 쓴 메시지를 소녀의 엄마가 트위터에 올려서 인터넷상에 널리 퍼졌다.

〈오늘 장난감 가게에 갔더니 레고 판매대가 핑크색 여

자아이 코너와 파란색 남자아이 코너로 나뉘어져 있었습니다. 여자아이 레고가 하고 있는 것이라고는 집에 앉아 있거나 해변에 가거나 쇼핑을 하는 것밖에 없습니다. 여자아이에게는 직업이 없어요. 남자아이 레고는 모험을 떠나거나 일을 하거나 사람을 구하거나 상어와 헤엄치는데 말이죠. 더 많은 여자아이 인형을 만들어서 모험을 즐기게 해줬으면 좋겠습니다. OK?!〉

그녀가 '핑크색 여자아이 코너'라고 말하는 것은 2012년에 발매된 레고의 여아용 시리즈 '레고 프렌즈'일 것이다. 레고 프렌즈는 일본의 장난감 가게나 레고숍에서도 취급하고 있다. 이 세계관의 중심이 되고 있는 것은 다섯 명의 소녀다. 동물과 스포츠를 좋아하는 '미아', 가수를 꿈꾸는 '앤드레아', 과학과 수학을 잘하고 발명을 좋아하는 '올리비아', 디자인을 잘하는 멋쟁이 '엠마', 글을 잘 써서 에디터 혹은 플래너를 꿈꾸는 '스테파니'가 있다. 레고사에서는 그녀들의 캐릭터에 맞춰 주스 가게와 동물병원 등 다양한 키트를 판매하고 있다. 우리 첫째 딸도 다섯 살 무렵에 과학실험을 즐기는 올리비아를 모티브로 한 '사이언스

스튜디오 3933'을 보고 첫눈에 반해서 외할아버지를 졸라 선물 받았다(왕년에 레고 팬이었던 외할아버지는 "해적 세트가 더 멋있는데…" 하면서 조금 아쉬워했지만 말이다).

색상은 라벤더 · 핑크 · 하늘색 등 여아용 완구의 트렌드를 따르고 있고, 머리색과 피부색도 다섯 명 모두 달라서 인종에 대한 배려도 흠잡을 데가 없다. 2011년까지 레고를 좋아하고 즐겨 가지고 노는 여자아이는 10퍼센트에 불과했는데, 이 시리즈가 발매되고 나서 1년도 채 되지 않은 시점에 27퍼센트까지 뛰어 오른 것을 보면 여자아이들의 지지도 충분한 것 같다. 레고사는 2013년에 '레고 프렌즈' 부문의 두 자릿수 성장을 보고했다. 여자아이들을 조립 완구에 끌어들이고 공간파악 능력을 길러준다는 점에서 상당히 의미 있는 시리즈임이 분명하다. 게다가 일본에서 나고 자란 내 입장에서 보면, 레고 프렌즈 시리즈는 여자아이의 흥미를 제한하지 않기 위해 상당히 배려를 한 것 같다. 애초에 일본제 여아 완구 중에서 과학실험을 하고 있는 여자아이 인형 세트는 들어본 적도 없으니 말이다. 그런데 레고 프렌즈 시리즈에는 마술사 소녀, 가라테 소녀(!)를 모티브로 한 키트까지 있다.

하지만 집안에만 있다는 말을 듣고 보니 확실히 그랬다. 소녀라는 설정이기 때문에 어쩔 수 없는 부분도 있겠지만, 직업을 가지고 있는 비율도 낮다. 호화로운 호텔에서 노는 키트는 있지만 모험은 하지 않는다. 사회가 기대하는 '여자아이'상을 아직 내면화하지 못한 여자아이가 불만을 품는 것도 무리는 아니다.

귀엽고도 용기 있는 소녀의 편지가 호의적으로 확산되고 약 반년 후인 8월, 레고사는 다시 한 번 화제의 중심에 섰다. 여성 화학자, 천문학자, 고생물학자를 모티브로 한 '리서치 인스티튜트(연구소)' 세트를 발매한 것이다. 사람들은 소녀의 바람을 곧바로 수용한 레고사에 갈채를 보냈다. 그런데 이 신제품은 사실 스톡홀름에 사는 여성 지구과학자 엘렌 쿨먼이 2012년 'LEGO Ideas'에 투고해서 인터넷 투표로 1만 표를 획득했던 아이디어가 뒤늦게 세상의 빛을 보게 된 것이었다. 2013년 가을에 시행한 심사에서는 보류되었던 아이디어가 부활해서 발매된 배경에는 소녀의 편지가 화제가 된 영향도 있었을지 모른다. 사실이 어찌되었든 이 신제품은 소녀의 소망에 응답했다는 문맥으로 많은 인터넷과 미디어를 통해서 소개되었다. 아울러 영국 여성 과학자가 이 제품을 사용해서 여성 연구자의 일상을 재현한 트위터 계정 '@LegoAcademics'도 화제를 모았다. 일련의 소동으로 많은 사람들에게 '레고는 여자아이의 지성을 길러주는 멋진 완구'라는 좋은 인상을 남긴 것만은 분명하다.

한편으로 기존의 중성적인 레고를 사랑하는 사람들 중에는 '레고 프렌즈' 시리즈에 회의적인 사람도 적지 않다. '레고 프렌즈' 시리즈 발매 직후에는 레고의 남녀평등을 요구하는 청원서에 5만 7천 명의 서명이 모였다. 가장 많았던 비판 내용은 '라벤더 · 핑크 · 하늘색을 넣어서 여아용으로 특화된 완구를 만들면, 여자아이는 그 외의 색 조합으로 만든 키트를 남자아이용이라고 생각하고 근처에 가지 않게 된다'는 것이었다. 이 주장에 대해서는 딸을 둔 부모로서 공감하는 부분이 있다. 딸을 레고숍에 데려가면 항상 '레고 프렌즈' 코너에만 서 있는 것이다. 정해진 틀 안에서만 만드는 키트가 아니라 자유롭게 조립할 수 있는 심플한 키트를 구입하고자 하는 부모에게는 성에 차지 않는 부분일지도 모른다. 하지만 핑크색 · 하늘색 · 라벤더색으로 채색된 코너에만 가까이 가는 여자아이들이 많은 이상, 그곳에 조립 완구를 두는 것 자체만으로도 어느 정도 의의가 있다는 사실은 인정하지 않을 수 없다. 레고사의 브랜드 디렉터인 마이클 맥너리 씨는 일련의 비판의 목소리를 듣고 "레고 프렌즈는 여자아이들이 다른 레고에 흥미를 갖게 하기 위한 게이트웨이입니다"라고 말했다.

'핑크 스팅크스'

물론 이것이 레고만의 문제는 아니었다. 완구업계 전체를 향해서 '장난감을 핑크(=여아)와 블루(=남아)로 나누는 것을 그만둬야 한다'고 호소하는 보호자 단체도 등장했다.

런던에 사는 쌍둥이 자매 엠마와 에비가 2008년에 설립한 단체 '핑크 스팅크스(핑크색 악취)'가 전형적인 예다. 장난감 업체에서 엠마의 네 살짜리 딸에게 선물로 파티 가방에 들어 있는 화장용 콤팩트를 보낸 것이 단체 설립의 계기가 되었다. '네 살짜리 아이가 화장이라고? 말도 안 돼!'라고 생각한 그녀들은 즉시 판매점과 제조사에 8세 이

THINK

하의 아동에게 메이크업 장난감을 팔지 못하도록 요구하는 캠페인을 시작했다. 장난감뿐만 아니라 여아용 핑크색 구두를 판매하는 이탈리아 브랜드와 메이크업 부록을 주는 여아용 잡지도 비판의 대상이 되었다. 그녀들은 "여자아이는 핑크, 남자아이는 블루"라는 컬러 코드에 의한 완구 구분이 남녀에 대한 편견을 가지게 한다고 비판했다. 장난감의 색 구분은 한쪽 성만을 높은 임금과 다양한 직업으로 이끄는 '컬러 인종 차별'이라고 호소한 전 영국 정부 고문 에드 메이요도 '핑크 스팅크스'의 지지자 중 한 명이다.

6세 여아를 대상으로 브라 톱을 판매해서 핑크 스팅크스에게 비판을 받은 '마크앤스펜서'를 비롯해서 대기업 3사는 핑크색 플레이모빌 세트에서 '여아용', 과학 실험 키트에서 '남아용'이라는 라벨을 제거하는 것에 동의했다. 2012년에는 아이가 자신의 신체에 자신감을 가지도록 독려했다는 이유로 영국의 대규모 학부모 커뮤니티 '맘즈 넷'이 핑크 스팅크스에 상을 수여하기도 했다.

'맘즈 넷'도 2012년 11월부터 같은 캠페인을 시작했는데, 장난감 가게에 장난감을 성별로 분류하지 말아달라고

요청하는 'Let toys be toys(장난감을 장난감으로 다루자)' 캠페인이 그것이다. 보호자들은 남아용 완구가 색깔과 내용이 다양하고 풍부한 데 비해서 핑크색 여아용 완구는 '보살핌'과 '귀여움'이라는 영역에 한정되어 있다는 사실에 유감을 표했다. 역시 보호자 단체의 힘이 대단하다고 해야 할까? 캠페인을 시작한 지 불과 1년 사이에 '토이저러스' 등 14개 대기업이 완구 코너에서 '여아용 · 남아용'이라는 표지판을 치웠고, 각 제조사들은 더 이상 장난감에 성별 라벨을 달지 않았다. 이런 분위기 속에서 또 다른 다섯 개 회사가 앞으로 그렇게 할 방침이라고 밝혔다. 'Let toys be toys'의 조사에 따르면 영국과 아일랜드의 완구점에서는 전년도 크리스마스 시즌과 비교해서 성별구분이 60퍼센트 감소했다고 한다. 2015년 11월에는 '토이저러스'의 영국 온라인 스토어에서도 장난감의 남녀 구분이 폐지되었다. 참고로 이 책 집필 시점(2015년 12월)에 같은 체인의 일본과 미국 온라인 스토어를 찾아 봤더니 '남아용 장난감Boy's Toys', '여아용 장난감Girl's Toys'이라는 카테고리가 남아 있다. 아직 영국의 온라인 스토어에서만 대응하고 있는 듯하다. 보호자 단체의 영향력이 얼마나 강력한지를 느낄 수 있다.

2014년에는 아동 도서를 남녀로 나누는 것에 반대하는 캠페인 'Let books be books'도 시작되었다. '황금나침반' 시리즈의 저자인 아동 문학가 필립 풀먼은 가디언지와의 인터뷰에서 '나는 핑크와 블루로 색을 나누는 것에 반대한다. 그것은 안에 들어가서 즐겁게 놀려고 하는 아이들의 눈앞에서 문을 닫는 것과 마찬가지기 때문이다'라고 말했다.

'Let toys be toys' 캠페인이 시작되기 이전에도 플로어를 핑크와 블루로 나눠놓은 런던의 오래된 장난감 백화점 '햄리스'가 트위터에서 악플에 시달리는 일이 있었다. 남자아이 플로어에는 액션, 모험, 놀이기구, 우주선, 과학 세트, 조립 완구 등 다양한 장난감이 있는데, 여자아이 플로어에는 소꿉놀이, 미용도구, 인형밖에 없는 것은 '성 차별'이라는 것이 비난의 이유였다. 악플에 불을 지핀 블로거는 이런 여아 코너를 '핑크색 바다'라고 부르며 매우 호되게 비난했다. 이 사건 직후에 햄리스는 남녀별 플로어 구분을 없앴다.

정치 문제로도 번질 수 있는 핑크 글로벌화

미국에서 안티 핑크 운동은 젊은 여성과 여자아이가 발단이 되는 경우가 많은데, 영국에서는 보호자를 중심으로 비교적 연령이 높은 남녀에 의해서 선도되었다는 사실이 흥미롭다. 영국은 원래 미국과 일본 만큼 성에 따른 역할 분담 의식이 강하지 않은 나라였는데, 과거 30년 동안 공학부에 진학한 여학생 비율이 12퍼센트에서 8퍼센트까지 하락한 것이 안티 핑크 운동의 계기가 되었는지도 모른다. 여성 엔지니어의 비율도 영국이 유럽에서 가장 낮은데, 그 원인을 핑크의 글로벌화에서 찾는 사람도 적잖다.

2014년 1월, 엘리자베스 토러스 교육부 장관은 성별에 특화된 완구는 여자아이를 수학과 과학으로부터 멀어지게 한다고 경고하고, 딸에게 중성적인 레고를 사줄 것을 전국의 보호자들에게 권유했다. 2014년 2월, 영국 의회에서는 세 명의 여성 의원이 과학과 공학 분야에 여성이 적은 것은 여아용 완구의 핑크 프린세스화에 의한 것이 아니냐는 문제를 제기했다. 이것은 국력과 관계되는 정치문제인 것이다.

보호자 운동은 영국에서는 거의 승리를 쟁취한 것처럼 보인다. 그렇다면 다른 나라에서는 어떨까? 오스트레일리아에서는 2014년에 크리스마스 시즌을 앞두고 'No Gender December(성별이 없는 12월)' 캠페인이 진행되었는데 이것이 다양한 이슈를 낳았다. 캠페인 공식 사이트에는 "아이들이 성별에 특화된 마케팅에 휘둘리는 일 없이 좋아하는 크리스마스 선물을 고를 수 있도록 하자"는 취지가 설명되어 있다. 이 캠페인을 지휘한 것은 '녹색당' 소속 상원의원인 라리사 워터즈였는데, 그녀는 너무 이른 나이에 남녀의 성 역할을 주입시키면 장래에 가정폭력이나 성에 따른 임금격차 문제 등을 불러올 수 있다고 지적했다. 독일에서는 '핑크 스팅크스'의 활동에 감화된 동명의 단체가 탄생했다.

많은 기업이 보호자의 요구를 받아들여서 남녀별 플로어 구분이나 카테고리 분리를 철폐하기도 하지만, 그렇게 하지 않은 기업도 있다. 어느 완구 전문 체인점은 '여자아이가 핑크를 좋아하는 것은 생리학적인 이유를 바탕으로 한 것'이라면서 핑크 스팅크스의 요구를 거부하기도 했다.

젠더와 장난감

독자들 중에서도 의문을 가지는 사람이 있을 것이다. 남자아이와 여자아이의 장난감 취향 차이는 사회적으로 만들어진 젠더에 지나지 않는 것일까, 아니면 태생적인 차이일까? 육아를 하고 있는 부모의 대부분은 후자라고 느끼지 않을까 싶다. 부모가 주입시킨 적도 없는데 세 살쯤 되면 확실히 남녀의 놀이와 취향이 나뉘기 때문이다. 그런 것을 보면 역시 무언가 생물학적인 근거가 있는 것 같다.

일단 핑크와 블루 문제는 내려놓고 단순히 장난감 취향만 가지고 살펴보자. 일반적으로 남자아이는 미니카를 좋아하고 여자아이는 인형을 좋아한다. 이것은 사회적인 영향이나 동성 간의 동조 압력에 의한 것일까, 아니면 타고난 취향의 차이일까? 이런 의문을 풀 실마리가 될 만한 재미있는 실험을 한 학자가 있다. 아틀란타 여키스 국립 영장류 연구센터의 심리학자 킴 월런 교수 연구팀은 바퀴가 달린 장난감과 인형을 준비하고 피실험자를 모집했다. 피실험자는 히말라야원숭이 수컷 11마리와 암컷 23마리였다. 실험 결과, 수컷은 압도적으로 바퀴 달린 장난감을 오래 가지고 놀았고, 암컷은 바퀴 달린 장난감보다 인형을 가지고 노는 시간이 약간 더 길었다. 이것은 인간 아이들과 거의 비슷했다. 이 실험 결과는 지금까지 주류를 이뤘던 "아이의 장난감 취향은 사회적 젠더의 반영에 지나지 않는다"는 주장을 크게 뒤흔들었다. 원숭이 세계에서 "수컷 주제에 인형을 가지고 놀다니. 이런 계집애 같은 놈!"이라거나 "트럭을 가지고 노는 암컷은 안 귀여워!" 하면서 따돌리는 일이 발생하리라고는 생각하기 어렵기 때문이다.

미국 텍사스 A&M 대학의 심리학자 알렉산더 줄리언 교수는 남녀 간에 장난감 취향이 다른 이유는 눈의 구조가 다르기 때문일 것이라고 추측한다. 눈의 망막은 빛을 신경 신호로 변환하는 조직인데, 빛 정보를 중추신경에 전달하는 신경절세포의 분포가 성별에 따라서 크게 다르다고 한다. 남성의 망막에 넓게 분포하는 'M세포'는 주로 '위치 · 방향 · 속도'에 관한 정보를 모으고, 색에는 반응하지 않는다. 이것이 남자아이가 공놀이나 장난감 자동차를 좋아하는 이유라고 추측해볼 수 있다. 철도 마니아가

대부분 남성인 이유도 M세포로 설명할 수 있을지도 모른다. 한편, 여성의 망막에는 색과 질감에 관한 정보를 모으는 'P세포'가 넓게 분포한다. 여자아이가 색에 집착하고 다채로운 색상의 그림을 그리는 것은 이것 때문이 아닐까 하고 생각해볼 수 있다.

남아용 완구의 색깔이 다양한 데 반해, 여아용 완구가 핑크 등 파스텔색에 특화되어 있는 것도 P세포 때문인지도 모른다. 어린 여자아이는 핑크색을 본 것만으로도 흥분하는 경우가 적지 않지만, 남자아이는 특정한 색에 그렇게까지 빠져드는 경우가 거의 없기 때문이다(또한 엄마 뱃속에서 남성 호르몬의 일종인 안드로겐에 노출된 여자아이는 남자아이용 장난감을 좋아하는 경향이 있다는 보고도 있다).

그렇다면 여자아이가 고르는 색은 왜 하필 핑크일까? 이것에 관해서도 생물학적인 근거를 찾아내는 흥미로운 연구가 있다. 1987년 위스콘신 대학 매디슨 캠퍼스에 있는 할로 영장류 연구소의 하이그레이 교수 연구팀은 히말라야원숭이 암컷이 핑크를 좋아하는지 여부를 검증하는 실험을 했다. 히말라야원숭이의 얼굴은 신생아 때만 붉은 빛을 띤 핑크색이다. 그래서 생후 6개월 정도 된 유아 원숭이의 얼굴을 신생아와 같은 색으로 염색했을 때 성인 암컷이 어떻게 반응하는지를 살펴보는 실험을 실시했다. 신생아와 같은 핑크색 얼굴을 한 유아 원숭이와 다른 색을 칠한 유아 원숭이, 평범한 유아 원숭이를 성인 암컷 원숭이 앞에 두고 어떻게 다루는지를 조사했다. 그러자 육아 경력이나 연령에 상관없이 모든 암컷이 핑크색으로 칠한 유아 원숭이에게 호의를 보였다.

여기서 이끌어낼 수 있는 결론은 여성이 일반적으로 빨강이나 핑크를 좋아하는 것은 그런 취향을 가지는 여성이 유아의 생존율을 높일 수 있었기 때문이 아닐까 하는 것이다. 빨강이나 핑크를 보고 두근거리는 여성이 그렇지 않은 여성보다 아기를 극진히 보호한다면, 결과적으로 빨강이나 핑크를 좋아하는 유전자가 살아남기 쉽다고 할 수 있다. 그렇게 생각하면 갈색을 좋아하는 수수한 여성은 기적적으로 자연 도태를 이겨낸 특별한 존재인지도 모른다.

패션 인형이 여자아이에게 가르쳐주는 것

앞에서 든 예는 모두 가설에 지나지 않는다. 설령 이런 가설이 모두 옳다고 하더라도 안티 핑크파의 주장이 흔들리지는 않을 것이다. 그녀들이 걱정하고 있는 것은 핑크 그 자체보다 핑크색 장난감에 담긴 의미이기 때문이다. '가정을 돌보는 일, 가사, 미용' 등 종래의 성별 역할 분담을 답습하는 핑크색 장난감을 가지고 놀다가 여자아이들이 장래에 저임금 노동, 무상 노동에 내몰리는 것이 아닌가 하는 우려의 목소리가 크다. 영국 로햄프턴 대학의 교육학 교수인 베키 프란시스는 어린 시절의 놀이가 장래의 직업 선택에 미치는 영향이 크다고 주장한다. 프란시스 교수가 3~5세 아동을 키우는 부모를 대상으로 한 연구에 따르면, 부모들은 남자아이에게는 '액션, 조립, 기계' 계열의 장난감을 사주는 경우가 많았고, 여자아이에게는 '인형, 미용' 관련 장난감 등 흔히 여성적이라고 생각하는 영역의 장난감을 사주는 경우가 많았다. 남아용이라고 여겨지는 장난감은 공간파악 능력 등을 길러주는 교육적 요소가 높은 데 반해서 여아용 장난감은 그렇지 않

THINK

았다. 시카고 대학이 1999년에 실시한 조사에 따르면 4세 반이 되면 공간인지 능력을 나타내는 테스트에서 남자아이가 여자아이보다 높은 성적을 거둔다고 한다. 블록이나 타워를 조립하거나 장난감 칼로 칼싸움 놀이를 하는 등의 남자아이들의 놀이는 공간인지 능력을 키우는 데 아주 좋다.

완구 업계 컨설팅 기업인 '글로벌 토이 엑스퍼트'가 2011년에 1,700명의 미국인 엄마를 대상으로 행한 대규모 조사에서는 엄마들이 자신의 어린 시절과 비교해 딸이 중성적인 장난감을 가지고 놀지 않게 되었다고 대답한 비율이 높았다. 조립 완구나 과학실험 키트 등 중성적인 완구 각각에 대해서 본인들이 가지고 놀았다고 응답한 비율과 딸이 가지고 논다고 응답한 비율을 비교한 결과, 평균 25퍼센트나 줄어든 것이다. '글로벌 토이 엑스퍼트'의 CEO인 리처드 고틀리브 씨는 이렇게 말한다. "의사나 건축가, 요리사가 되고 싶다고 생각하는 것은 어렸을 때 청진기를 들고 노는지 조리도구를 가지고 노는지에 따라서 이미 갈리기 시작한 것입니다."

영국의 할인매장 체인점 '아르고스Argos'는 2013년에 어린 시절의 놀이와 직업에는 확실한 상관관계가 있다는 조사 리포트를 발표했다. 건축가, 디자이너 등 디자인 관련 일에 종사하는 성인 중 60퍼센트 이상이 어린 시절에 블록 놀이를 좋아했고, 회계사, 은행원 등 수학 관련 분야에 종사하는 사람의 66퍼센트 이상이 어린 시절 퍼즐에 빠져 있었다고 한다. 말하는 인형 퍼비를 좋아했던 아이는 교사가 되었고, 스타워즈에 나오는 R2-D2 로봇 레고 블록을 좋아하던 아이는 엔지니어가 되었다. 크리스마스 시즌을 맞아 판촉용으로 만든 리포트이기 때문에 어디까지 신뢰할 수 있을지는 모르지만 왠지 신경 쓰이는 조사 결과다. 여자아이가 핑크색이 아닌 과학 계열이나 조립 계열 장난감을 남자아이용이라고 생각해서 다양한 능력을 키울 기회조차 잃어버린다고 한다면 중대한 문제가 아닐 수 없다.

그리고 더 큰 문제는 여자아이들이 핑크색 장난감을 통해서 어려서부터 자신을 성적인 대상으로 객관화하고 섭식장애나 우울증에 빠질 수 있다는 사실이다.

2013년에 의존병 정보 사이트인 Rehab.com이 바비 인형과 실제 여성을 비교한 핑크색 사진을 발표해서 인터넷상에서 화제를 일으켰다. 바비인형의 체형을 실제 인간 사이즈로 변환해서 미국인 여성의 평균치와 비교함으로써 바비의 체형이 현실적으로 불가능하다는 사실을 검증한 사진이었다. 바비를 신장 163센티미터의 여성이라고 한다면, 허리사이즈는 40센티미터(약 16인치) 정도로 내장기관이라고는 간장의 반과 장의 일부 밖에 들어가지 못한다는 것이다. 또한 발목은 아이 사이즈이기 때문에 네 발로 기지 않는 한 이동할 수 없다. 목은 미국인 여성의 평균보다 두 배 길고, 15센티미터 이상 얇기 때문에 자기 머리를 들고 있을 수가 없다. 이 사진을 공개한 'Rehab.com'은 핑크색 체중계 배경화면과 'Dying to be Barbie(죽어도 좋으니 바비가 되고 싶다)'라는 문구와 함께 비현실적인 체형에 대한 동경이 소녀들의 섭식장애를 가속화하고 있다고 경고했다.

'골디 블록스'가 2014년에 처음으로 액션 피규어를 발매하면서 만든 프로모션 영상은 "패션인형은 여자아이들에게 영리함보다 미美에 가치를 두도록 가르친다. 그런데 이것은 3초에 하나씩 팔린다"는 센세이셔널한 문구로 시작한다. 골디 블록스가 자신들의 제품을 인형이 아니라 액션 피규어라고 지칭한 것은 소녀들을 과도하게 아름다움으로 몰아가는 패션인형에 대한 안티테제인 것이다.

핑크라는 색 자체에는 잘못이 없다고 하더라도 그 폐해는 상당하다.

THINK

3

이공계 여성으로 변신하고 있는 패션 인형

귀여운 얼굴과 가녀린 체형에 하늘하늘한 옷을 입고 있는 사랑스러운 리카짱인형. 눈을 강조한 진한 메이크업과 슈퍼모델 뺨치는 체형으로 화려한 옷을 소화하는 섹시한 바비인형. 이 둘은 일본 소녀들에게 인기 있는 패션인형이다. 둘 중 어떤 인형을 가지고 노느냐로 파벌이 생길 정도로 대조적인 캐릭터를 가진 인형이지만 이들에게는 한 가지 공통점이 있다.

바로 '수학을 잘하지 못했던 과거'가 있다는 사실이다.

1967년 7월 다카라(현재는 다카라토미)사에서 발매된 가야마 리카(초등학교 5학년)는 일명 '리카짱'으로 불린다. 발매 당시 프로필에는 '수학은 잘하지 못하지만 국어, 음악, 미술은 잘해요'라고 나와 있었다. 현재 공식 사이트상의 프로필에서는 삭제되었지만, 공식 트위터에서 '그림일기는 수학 숙제보다 훨씬 즐거워요~♪' 등의 발언을 하고 있는 것을 보면 리카짱이 문과라는 설정에는 변함이 없는 것 같다.

한편 1990년대 전반에 "수학 수업은 어려워"라고 말하는 바비인형 '틴 토크 바비teen talk barbie'를 발매한 미국의 마텔사는 여성단체로부터 비난을 받았다. 성에 대한 고정관념을 심어줬다는 이유에서였다. 항의를 받은 마텔사는 '우리는 이 대사가 불러일으킬 수 있는 잠재적인 영향에 대해서 고찰하지 못했다'며 적극적으로 사과하고 교환을 원하는 구입자가 있다면 그에 응하겠다고 발표했다.

수학을 잘 못하는 여성 캐릭터에 익숙한 대다수의 일본인들은 이렇게 생각할지도 모른다. '여자아이 인형이 수학을 못하는 게 뭐가 잘못됐다는 거지? 남자아이 중에도 수학을 못하는 아이가 있고, 그건 그냥 개인차잖아. 페미니스트들이 괜히 오버하는 거 아냐?'

하지만 "수학 수업은 어려워"라고 말하는 '지.아이.조' 캐릭터를 본다면 대부분의 사람이 흠칫하고 놀랄지도 모른다.

실제로 지.아이.조 피규어를 "수학 수업은 어려워"라고 말하도록 개조해 보임으로써 문제를 제기한 단체가 있었다. '바비 해방 전선BLO'이라고 밝힌 그들은 '틴 토크 바비' 인형을 300체 정도 구입해서 지.아이.조 피규어와 음성장치를 바꾼 다음 장난감 가게에 몰래 진열해 두었다. 이렇게 해서 기관총을 손에 들고 "수학 수업은 어려워", "여름엔 역시 바다지"라고 귀여운 목소리로 말하는 지.

아이.조 피규어와 "복수는 나의 것!"이라고 위엄 있는 목소리로 말하는 바비인형이 많은 가정에 출몰하게 되었다.

그들의 예상대로 굳이 수학을 잘 못한다고 말하는 지.아이.조 피규어는 사람들에게 위화감을 주었다. 우리가 알고 있는 남성 히어로는 공부 자체를 싫어하고 학교의 권위에 굴복하지 않는(하지만 진리는 직감적으로 안다) 자유로운 스타일이거나, 천재적인 두뇌를 가졌거나, 공부와는 상관없는 세계에 살고 있기 때문이다. 선생님과 부모님의 권위에 순응하고 노력파지만 수학을 잘 못해서 고민하는 것은 항상 소녀 캐릭터였다.

하지만 수학을 잘 못하는 여자아이가 많은 것은 사실이니까 사용자가 친근하게 느낄만한 요소를 담는 상업적인 선택 이상의 의미가 없다는 의견도 있을지 모른다. 확실히 2012년에 세계 65개 지역에서 15세(의무교육이 끝난 단계) 아이들을 대상으로 OECD가 실시한 '국제 학업성취도 평가PISA' 결과를 보면 수학과 과학 점수는 전반적으로 남학생이 높은 경향이 있었다. 하지만 그 차이는 나라마다 달랐다.

미국에서는 여학생의 과학 평균점이 남학생보다 높았

고, 스웨덴은 수학과 과학 점수 모두 여학생이 더 높았다. 여학생의 수학 점수가 높았던 나라가 스웨덴을 포함해 5개국이나 있었기 때문에 보편적으로 여자가 수학을 잘 못하는 경향이 있다고는 말할 수 없다. 또한 남학생 평균점에서 여학생 평균점을 뺀 OECD 평균점을 보면 수학은 11점, 과학은 겨우 1점밖에 차이가 나지 않았다. 아무래도 일본은 수학과 과학 분야에서 남녀차가 큰 나라인 것 같다. 그런데 다른 조사에서도 일본의 여학생들은 수학을 싫어하는 경향이 있다는 사실이 밝혀졌다.

그렇다면 '수학을 싫어한다'고 대답한 여자아이들은 정말로 수학을 싫어할까?

도쿄농공대학의 모리 가즈오 교수는 자신이 자각하고 있는 선호도와 함께 잠재적인 선호도를 측정하는 'FUMIE 테스트'를 사용해서 중학생의 '가짜 수학 공포증'을 밝혀내기 위한 조사를 실시했다. 조사 대상이 된 것은 나가노시의 시립중학교 학생들이었다.

남학생의 경우 설문조사에서 본인이 밝힌 수학 선호도와 'FUMIE 테스트'에서 밝혀진 선호도가 거의 일치했다. 즉, '수학이 싫다'고 대답한 남학생은 정말로 수학을

표1. **수학 평균점(15세)**

	남자	여자
일본	545	527
미국	484	479
스웨덴	477	480

표2. **과학 평균점(15세)**

	남자	여자
일본	552	541
미국	497	498
스웨덴	481	489

※ OECD 국제 학업성취도 평가(PISA 2012) 참조.

싫어했던 것이다. 한편, 여학생들은 설문조사 결과와 'FUMIE 테스트' 결과가 크게 어긋났다. 설문조사에서는 수학을 싫어한다고 답한 여학생도 'FUMIE 테스트'에서 밝혀진 결과로는 수학에 긍정적이었던 것이다. 수학뿐만 아니라 이과 과목 전반에서 이와 같은 경향을 찾아볼 수 있었다. 모리 교수는 이런 결과가 나오게 된 원인에 대해 여중생들이 '주변 사람들에게 여자답게 보이기 위해서 이과 과목을 싫어하는 것처럼 가장하고 있음을 알 수 있다'고 분석하고, '성 역할 고정관념이 심어준 바람직한 여성상 때문에 주위에서 이과 과목을 외면하게 만들고 있으며, 본인도 이과 과목을 싫어한다고 가장하기 때문에 이과 과목을 공부할 동기부여를 하지 못하게 된다. 그리고 그 결과 자연스레 성적도 떨어진다. (…) 이렇게 해서 이과 공포증을 가장하는 행동이 정말로 이과 과목을 싫어하게 만드는 것이다'라고 결론지었다.

쉽게 말하자면 이런 것이다. '귀여운 여자아이'로서의 롤모델이 '노력파지만 수학은 잘 못하는 아이'인 사회에서는 여자아이들이 귀여운 존재가 되고자 스스로 이런 이미지에 '다가가게' 된다. 진짜 선호도와는 상관없이 말이다. 이렇게 해서 여자아이들은 정말로 수학을 못하게 되는 것이다.

이처럼 '여자아이는 수학을 못한다', '남자아이는 국어를 못한다', '흑인은 백인보다 공부를 못한다' 등 자신이 속한 집단에 대한 부정적인 편견을 의식함으로써 고정관념이 있는 분야의 능력이 실제로 저하되는 현상을 사회심리학 용어로 '고정관념의 위협'이라고 부른다. 심리학자 클로드 스틸이 수학을 잘하는 대학생 남녀 혼성 그룹을 대상으로 실시한 연구가 그 전형적인 예를 보여준다. 이 연구에서는 수학 테스트를 하기에 앞서서 어떤 그룹에게는 "이 테스트에서는 보통 남녀 간에 점수 차이가 있다"고 말하고, 다른 그룹에게는 "이 테스트에서는 보통 남녀 간 점수 차이가 없다"고 말했더니 결과가 확연히 달라졌다. 남녀 차이가 없다고 들은 그룹에서는 실제로 남녀의 점수 차가 거의 없었던 데 반해, 남녀 간에 점수 차이가 있다고 들은 그룹에서는 여학생들의 성적이 상당히 나빴던 것이다. 수학 테스트 전에 성별을 물어보는 것만으로도 여성의 테스트 결과가 나빠졌다는 보고도 있다.

대학 시절에 일반교양 과목으로 컴퓨터 관련 수업을 들었을 때의 일이 떠오른다. 교과서를 대충 훑어보니 기본적인 프로그래밍의 요점만 다루는 것이어서 초등학생도 이해할 수 있을만한 내용이었다. 컴퓨터 수업이었지만 문과 학생들을 위한 배려로 시를 출력하는 것이 전부인 프로그램도 있었다.

그런데 예쁘게 화장한 옆자리 여학생이 첫 수업 날 "나는 이런 거 못하는데……"라고 모기만한 소리로 말을 걸어왔다. 중학교 수학보다 훨씬 간단한 것 같다고 말하고 싶었지만 '여자인 내가 컴퓨터를 다룰 수 있을 리가 없어'라는 생각이 그녀의 이해를 막고 있는 것 같아서 그만두었다. 그렇게 결국 그녀의 과제를 내가 대신 해주게 되었다(대리 출석을 한 번 해주는 조건으로). 결코 게으르거나 일부러 모르는 척하거나 귀여운 척 하려는 것도 아니고, 대학 입시를 통과할 만큼 노력파인 여학생조차도 이렇다. 슬프게도 어린 시절 공부를 잘했던 다소곳한 여학생일수록 성장하면서 '여자는 백치미가 좀 있어야 귀엽다'는 사회적 규범에 고분고분 따르게 되는 경우가 많다. '여자는 이과 과목을 못해야 귀여움 받을 수 있으니까'라는 고정관념이 여성들을 강하게 속박하는 것이다.

참고로 여성 단체로부터 비난을 받은 마텔사는 그 후 바비에게 수학 공포증을 극복시키고, 2012년에는 핑크색 노트북을 손에 든 소프트웨어 엔지니어 바비를 발매했다. 또한 앞에서 말한 것처럼 레고에도 여성과학자가 합류했다. 오바마 대통령 취임 이후 미국에서 여성을 STEM 영역으로 끌어들이려는 시도가 계속되고 있다는 것과 미국 여성의 과학 능력이 남성보다 높아진 것은 전혀 상관없는 일이 아닐 것이다(2015년 10월에는 미국 스탠포드 대학에서 그동안 여학생들 사이에서 가장 인기가 있었던 인간생물학보다 컴퓨터 사이언스를 희망하는 여학생들이 많아졌다는 뉴스가 전 세계에 보도되기도 했다).

한편 리카짱의 직업을 살펴보면 간호사나 프린세스 같은 전형적인 직업 외에 회전초밥 체인점의 점원, 아이

스크림 체인점의 점원, 도넛 체인점의 점원, 피자 체인점의 배달원 등이다. 체인점과 맺은 제휴 때문이겠지만 일하는 여성 중 60퍼센트가 비정규직인 일본 여성의 상황을 대변하고 있는 것 같아서 서글프다(바비는 대통령까지 되었는데 말이다). 여자아이의 꿈을 이뤄주는 리카짱 하우스의 최신 버전은 태양광 발전, 세탁건조기, 로봇청소기, 전동자전거와 최신 가전제품을 모두 갖춘 스마트 하우스다. 전동 자전거라면 혼자서 쌍둥이를 데리고 다닐 수도 있고, 세탁건조기와 로봇청소기가 있으면 가사와 육아를 하면서 일하러 나갈 수도 있다는 것이다……. 여자아이의 꿈이 계속해서 무거운 가사노동과 육아 부담을 줄이는 것에만 머물러 있다면 직업이 뒷전으로 밀려나는 것도 어쩌면 당연할지도 모른다. 이 또한 일본 여성의 현실을 반영하고 있을 것이다. '재잘재잘 스마트하우스 윳타리상'의 상품 이미지를 자세히 보면 엄마와 리카짱은 부엌에 서있고, 아빠 혼자 거실에서 윳타리* 휴식을 취하고 있다. 꿈의 세계에서조차 귀여운 여자아이가 부엌에 매여 있는 모

* ゆったり. '느긋하게'라는 뜻의 일본어

PINK

습을 보니 프로그래머 리카짱이나 고생물학자 리카짱은 먼 훗날에나 등장할 것 같은 예감이 든다.

바비인형이 판매 부진에 빠진 이유

앞에서 이야기한 것처럼 바비를 판매하는 마텔사는 세간의 비판에도 진지하게 대응해서 바비가 성 역할에 대한 고정관념을 조장하지 않도록 하기 위해 다양한 직업을 선정했다. 우리 딸들은 '넷플릭스Netflix'의 오리지널 애니메이션 〈바비: 라이프 인 더 드림 하우스〉를 가끔씩 봤는데 바비는 스쿠버다이빙 강사, 수의사, 비즈니스 컨설턴트 등 135가지 종류의 직업을 겸하고 있어서 상당히 바빠 보인다. 바비가 핑크색 대저택에서 우아하게 사는 모습을 보고 딸이 "나도 저런 집에 살고 싶어요"라고 말한다면 부모는 이렇게 대답해주면 될 것이다. "135가지 직업을 가지면 저렇게 살 수 있어. 열심히 공부해서 대저택을 핑크색으로 장식하렴." 이 얼마나 교육적인가?

그럼에도 불구하고 최근 들어 바비의 판매량이 조금씩

떨어지고 있다. 2014년에는 전년대비 16퍼센트, 2015년에는 14퍼센트나 떨어져서 2년 연속으로 두 자리 수 감소세를 보였다. 전미全美 소매업 협회에서 미국의 보호자를 대상으로 실시한 설문조사에서는 11년 연속으로 여자아이가 갖고 싶어 하는 장난감 넘버원이었던 바비인형이 2014년 크리스마스 시즌에 처음으로 1위 자리를 탈환당했다. 1위 자리를 빼앗은 것은 그해 대히트를 친 프린세스 영화 〈겨울왕국〉 관련 상품이었다. 미국 경제 전문지 블룸버그는 "바비의 인기가 떨어지고 있는 것은 확실하다. 다른 인형의 인기에 눌리고 있다"고 분석했다.

2014년 3월에 발표된 다음과 같은 조사 결과도 바비인형의 인기가 하락하는 데 한몫을 한 것 같다. 미국 오리건 주립대학의 발달심리학자 오로라 샤먼 연구팀이 4~7세 여자아이 37명을 대상으로 한 조사 결과에 따르면 바비인형을 가지고 논 여자아이는 남자아이보다 자신이 장래에 가질 수 있는 직업의 선택지가 적다고 생각했다. 세 그룹으로 나누어 각각 '의사 바비', '패션모델 바비', 그리고 영화 〈토이 스토리〉에 등장하는 여자 감자 인형인 '미세스 포테이토 헤드'로 5분 동안 논 여자아이들에게 열 종류의 직업 사진을 보여주고, 본인과 남자아이가 장래에 몇 종류의 직업을 가질 수 있을 것 같은지를 물었다. 바비인형을 가지고 논 여자아이들은 자신은 남자아이보다 장래에 가질 수 있는 직업 종류가 적다고 답했다. 이렇게 대답한 비율이 높았던 것은 패션모델 바비든 의사 바비든 똑같았다. 자신의 직업 선택지가 남자아이와 차이가 없다고 대답한 여자아이는 미세스 포테이토 헤드로 놀던 그룹뿐이었다.

바비는 적어도 미세스 포테이토 헤드보다는 직업이 다양한데도 말이다. 도대체 왜 그런 걸까?

조사에 참여한 연구자들은 그 원인이 바비의 섹시한 몸매와 겉모습에 있을 것이라고 추측했다. 섹시 미녀가 되는 것을 가장 중요한 가치로 놓으면, 필연적으로 직업 선택지가 줄어드는 것이다. 용모를 중요하게 생각한다면 너무 바빠서 수염이 돋아날 것 같은 직업이나 근력을 요하는 거친 일을 피해야 할테니 말이다.

또한 2006년에 영국 서섹스 대학의 심리학자 수잔 아이브가 영국에 사는 5~8세 여자아이 162명을 대상으로 한 조사에 따르면, 바비 그림책을 읽은 여자아이는 현실적인 체형의 인형이 등장하거나, 인형이 전혀 등장하지 않는 그림책을 읽은 여자아이에 비해서 자기 신체에 대한 만족도와 자존감이 낮고, 마른 몸을 희망하는 비율이 높다는 사실을 밝혀냈다(이 경향은 6세 반~7세 반의 여자아이가 가장 강했다).

이 조사 결과를 받아들이는 방법은 사람마다 다를 것이다. 조사 대상의 숫자가 적고 인형을 가지고 논 시간이 너무 짧기 때문이다. 바비를 가지고 노는 것이 어떤 영향을 주는지를 정확하게 측정하기 위해서는 보다 장기간에 걸쳐 소녀들을 관찰해야 할지도 모른다. 다만 여기에서 이야기할 수 있는 것은 바비에 관한 조사와 연구가 존재한다는 것 자체가 어른들이 바비에 대해 염려하고 있음을 보여준다는 사실이다. 고도로 정보화된 사회에서는 소녀들에게 섭식장애나 사춘기의 우울증이 따르기 마련이다. 이것은 일본도 마찬가지다. 바비나 슈퍼모델이 제시하는 '이상적인 몸매'는 사춘기를 맞은 미국과 유럽, 아시아 소녀들의 자존감을 급격하게 떨어트리는 최대의 원인으로 보인다. 선진국에서는 대부분의 성 차이가 좁혀지고 있는 상황이지만, 젊은 여성이 남성보다 자신의 신체에 대한 불만을 가지는 비율은 시대가 지날수록 오히려 높아지고 있기 때문이다. 이것을 분명히 밝히는 몇 가지 조사를 들지 않더라도 미디어를 통해서 흘러나오는 비현실적인 신체 이미지가 소녀들의 자존감을 저하시키고 있다는 사실은 과거에 소녀였던 대부분의 사람들이 피부로 느끼고 있을 것이다.

전통적으로 남녀 모두 다부진 몸매를 선호하는 나라인 피지를 예로 들어보겠다. 1995년 조사에서 섭식장애는 보기 드문 사례로 보고되어 있었다. 그런데 그해에 텔레비전이 도입되면서 해외의 프로그램들이 방송되기 시작했다. 그로부터 3년이 지난 1998년 조사에서는 소녀들의 80퍼센트가 다이어트에 흥미를 가지게 되었고, 11.3퍼센트나 되는 소녀들이 섭식장애에 걸렸다고 한다. 그녀들을 압박한 것은 슈퍼모델이었을까? 아니면 날씬하지 않은 여성 코미디언을 웃음거리로 삼는 예능 방송이었을까? 그것도 아니면 텔레비전 속의 웃음을 진지하게 받아들이면서 소녀들을 놀리는 친구들이었을까? 이유가 무엇이든 바비를 소녀들을 압박하는 미디어 이미지 중 하나로 생각하는 사람이 있다 해도 이상하지 않을 것이다.

이런 분위기 속에서 보호자가 안심하고 구입할 수 있을 것 같은 바비의 대항마들이 등장하고 있다. 2014년에 나온 '라밀리'는 미국질병예방관리센터의 데이터를 바탕으로 19세 미국인 여성의 평균 체형을 재현한 패션인형이다. 별매품인 스티커 세트를 붙이면 여드름, 점, 주근깨, 상처, 셀룰라이트, 임신선까지 재현할 수 있다. 2015년에는 액세서리로 생리대, 생리용 속바지와 월경 주기 달력이 부록으로 들어 있는 '생리 파티' 세트도 발매되었다. 큰 히트를 친 〈겨울 왕국〉의 주제가는 아니지만 그야말로 '렛잇고'다. 라밀라는 고등학교 시절에 이상적인 체형 이미지에 사로잡혀서 과도한 다이어트와 헬스를 한 경험이 있는 그래픽 디자이너 니콜라이 램 씨가 '킥 스타터'에 제안한 인형으로 한 달 만에 50만 달러가 모여서 상품화가 실현되었다.

2016년 발매 예정인 패브릭 인형 '앤 파워 걸'은 보다 윤리적인 소비를 촉구한다. 그들은 사이트 메인 화면에서 이렇게 선전하고 있다. "78퍼센트의 여자아이가 자기 몸에 자신감을 가지지 못하고, 개발도상국 소녀 7명 중 1명이 15살이 되기 전에 결혼한다. 앤 파워 걸 인형은 전 세

PINK

계 여자아이들에게 자기 긍정감과 삶에 도움이 되는 기술을 가르쳐주기 위해 만들었다." 현실적인 유아 체형은 여자아이들에게 마르고 싶은 마음을 들게 하지 않고, 플라스틱 재질의 인형과는 달리 천으로 되어 있기 때문에 자연친화적이다(심지어 머리카락은 털실이다!). 이것뿐이라면 옛날에 할머니가 손수 만들어 주시던 인형과 별반 차이가 없지만, 이 인형은 고객이 한 개를 구입하면 또 다른 한 개가 가난한 나라의 여자아이에게 기부되는 시스템으로 판매된다. 선진국 여자아이만이 아니라 개발도상국의 여자아이에게도 자기 긍정감을 길러주려는 의도가 담겨 있는 것이다.

THINK

하지만 바비의 진정한 라이벌은 리얼한 인형보다는 STEM 요소를 가미한 인형일지도 모른다. 2015년 완구 리뷰 사이트 'The Toy Insider'의 편집장인 재키 블레이어는 딸에게 STEM 분야에 대한 흥미를 키워주고자 하는 부모가 늘고 있기 때문에 STEM 관련 인형 시장이 급성장하고 있다고 말했다. 몬트리올 은행 계열 투자 회사인 BMO 캐피탈 마켓츠는 2015년 10월에 STEM 완구가 새로운 트렌드 중 하나가 되었다고 분석한 완구 업계 리포트를 발표했다. 교육계 뉴스 사이트인 'U.S. News & World Report'도 여아용 STEM 완구가 2015년 크리스마스 시즌의 트렌드가 되었다고 보고하고, 그 계기를 2년 전에 탄생한 '골디 블록스'의 활약에 있다고 분석했다. 오래된 과학 잡지인 《Scientific American》의 블로그는 이런 경향을 "과학에 흥미를 가지고 있는 여자아이들을 위한 장난감이 오랫동안 부족했는데, 여자아이의 STEM 교육에 대한 관심이 높아진 올해 드디어 선택지가 늘어났다"고 절찬하면서 2015년 홀리데이 시즌을 대비한 여아용 STEM 완구 선물 가이드를 게재했다. 퍼듀 대학의 2014년 조사에 따르면, 조립 완구와 엔지니어링 완구를 선물 받는 여자아이의 수는 기껏해야 해당 완구를 '예약'한 남자아이의 수 정도밖에 안 된다. 그래서 여자아이들에게 가장 인기 있는 장난감인 인형에 STEM 요소를 집어넣어 새로운 마켓을 개척하려는 움직임이 활발해지고 있는 것이다. STEM 인형이 일부 페미니스트들에게만 지지를 받고 있다고 생각하면 오산이다. 핑크 · 라벤더 · 하늘색이라는 '여자아이 삼원색'으로 물든 반짝반짝한 코너가 아니면 가까이 가지 않으려고 하는 소녀, 그리고 딸에게 건전한 가치관을 심어주고 미래의 직업을 찾아주고자 하는 보호자의 니즈needs에 모두 부합한 업계에서 기대하는 새로운 장르인 것이다. 이런 흐름을 이끈 것은 틀림없이 '골디 블록스'와 '루미네이트'의 성공일 것이다. 예전 같으면 20대 여성이 만든 신생 기업의 장난감이 유명 메이커들이 격전을 벌이는 '토이저러스'와 '월마트'의 선반 한 칸을 점령하는 일 따위는 상상도 할 수 없었을 텐데 말이다.

'프로젝트 MC²'와 긱 시크

마텔사와 경합을 벌이고 있는 MGA 엔터테인먼트사는 2015년 8월에 STEM 요소를 도입한 패션인형 '프로젝트 MC²' 시리즈를 발매했다. '프로젝트 MC²'는 자신들의 기존 인형인 '브랏츠'와 차별화 전략을 사용해서 테마를 '긱 시크geek chic(세련된 오타쿠)'로 하고, 네 종류의 인형 각각에 실제로 사용할 수 있는 과학 용품을 추가했다. 예를 들어, 스파이 조직에 소속된 천재소녀 마케일라에게는 착색 용액과 기름이 층을 이루고 있는 병 안에 발포제 알약을 넣으면 색깔 있는 둥근 구슬이 뽀글뽀글 떠오르는 모습을 즐길 수 있는 화학계 인테리어 '라바 라이트(영국에서는 아이들에게 인기 있는 화학실험이다)'가 세트로 구성되어 있다. 다른 인형의 부속품도 탄산수소나트륨에 식초와 액체 비누를 흘려 넣어서 분화시킬 수 있는 화산, 토닉워터를 넣어서 흔들면 빛이 나는 스틱 목걸이, 지워지는 펜, 향수병, 태엽으로 움직이는 애완로봇용 받침대 등 그야말로 여자아이들의 취향을 저격한 라인업이다. 인형 외에도 히로인이 손에 들고 있는 빨간 가방을 실물 크기로 재현한 'Ultimate Lab Kit'는 2015년 크리스마스에 엄마 아빠 산타가 딸에게 선물하기를 원하는 인기상품이 되었다. 가방 안에는 비커와 유리관, 세균 배양 용기, 현미경 등 실제로 사용할 수 있는 30개 이상의 실험용품과 실험 방법을 소개하는 컬러풀하고 귀여운 책자가 들어 있다. 캘리포니아 공학대학에서 토목공학을 전공하던 대학 시절, 동기 중에 여성이 한 명 밖에 없어서 실망했다는 CEO 아이작 라리안은 자신의 바람은 '프로젝트 MC^2'를 가지고 논 여자아이가 미래에 마이크로소프트나 구글의 CEO가 되는 것이라고 말한다.

그녀들의 캐릭터를 자세히 알 수 있는 오리지널 드라마도 있다. 드라마 내용은 주인공인 마케일라가 전학을 간 학교에서 요리화학자인 아드리, 천재 해커 브라이, 전자공작 마니아인 캠을 만나서 여성으로만 이루어진 스파이 조직 '이노베이트'의 일원으로 활동하며, STEM 기술을 이용해 왕자를 호위하는 등의 미션을 수행하는 이른바 소녀판 〈즛코케 3인조*〉 같은 내용이다. 매회 여자아이들이 즐겁게 화학실험이나 전자공작을 하면서 노는 장면이 들어 있어서 자연스럽게 과학에 친근감을 느끼게 만든다.

드라마 총감독은 말한다. "드라마를 보는 아이들에게 너희도 영리하고 쿨한 여자아이가 될 수 있다고 전하고 싶어요. 똑똑하고, 재미있고, 스타일리시한 것이 공존할 수 있다고 말이죠." 현실 사회에서도 젊은이들에게 수학의 즐거움을 전하는 수학자로 활동하면서 이 작품에서는 네 명의 소녀에게 지시를 내리는 스파이 조직의 사령탑을 연기하는 여배우 다니카 맥켈라도 '프로젝트 MC²'에 깊은

* 〈즛코케 3인조〉는 초등학교 6학년인 3명의 소년들을 중심으로 전개되는 이야기다. 다양한 주제를 다루고 있으며, 텔레비전 애니메이션과 드라마, 영화로도 제작되는 등 큰 인기를 얻고 있다.

애정을 표하는 여성 중 한 명이다. 그녀는 소녀들에게 이렇게 말한다. "여자아이들이 잡지 표지를 장식하는 모델이나 스타가 되기를 꿈꾸는 대신 비즈니스 거리에서 보람있는 일을 하기를 꿈꿨으면 좋겠습니다. 똑똑하다는 것은 자기 인생을 컨트롤할 수 있다는 뜻이기 때문이죠."

일본에서 아이들이 읽을 만한 픽션에 등장하는 똑똑한 여자아이라고 하면 만화 〈도라에몽〉에 나오는 시즈카처럼 순종적인 공주님 스타일이거나 〈바쿠만*〉의 이와세 아이코처럼 자존심이 강해서 왠지 정이 안 가는 우등생 스타일이 대부분이다. 소녀가 공부 자체를 즐기거나 공부를 해서 얻은 스킬로 활약하는 것을 긍정적으로 그리는 경우는 드물다. 그런 소녀상에 익숙한 내 입장에서는 드라마 '프로젝트 MC²'의 소녀상이 매우 새롭게 느껴진다. 웨이브 머리를 한 소녀가 춤을 추면서 공구를 사용해 포터블 경찰 무선 감청 장치를 만들거나 파스텔 핑크색 미니 원피스를 입은 로리타 소녀가 화학을 이용해서 지문을

* 〈바쿠만〉은 만화를 잘 그리는 '마시로'와 스토리텔링에 천부적인 소질이 있는 '다카기'가 팀을 이뤄서 일본의 넘버원 만화 잡지 소년 점프 연재를 목표로 만화가의 꿈을 키우는 이야기다.

채취하니 말이다.

드라마의 대상 연령은 7~12세로 이른바 여자아이와 틴에이저 사이에 있는 '트윈' 세대가 타깃이다('트윈'은 Between의 축약형이다). 딱 그 세대인 우리 8살 큰딸에게 예고편을 살짝 보여주었더니 상당히 마음에 들었는지 그대로 3화까지 시청했다. 젖산칼슘과 알긴산나트륨의 화학반응을 이용해서 왕자를 위해 스파게티를 만드는 장면에서는 "나도 해봤어!" 하고 외치면서 흥분했고, 미션을 끝낸 네 명의 소녀가 주제곡과 함께 암흑에서 나타나는 장면에서는 "멋있다! 멋있어!" 하면서 뛰어올랐다. 이 드라마는 일본 여자아이들에게도 잘 통하는 것 같다.

딸의 말에 따르면 같은 반 여자아이들은 〈프리큐어〉 시리즈, 〈아이카츠〉 등의 여아용 작품은 졸업했지만, 연애 중심의 소녀 만화는 아직 이르고 초등학생용 콘텐츠는 대부분 남자아이가 주인공이라서 그다지 몰입이 안 되기 때문에 콘텐츠 난민 상태에 있는 것 같다. 현재 초등학교 2학년 여자아이들이 이야기를 나눌 수 있는 작품이라고는 텔레비전 애니메이션 〈요괴워치〉 정도밖에 없는 것 같다. 일본에서 트윈 세대용 대중 콘텐츠가 하나같이 남자아이를 주인공으로 내세우는 것은 남자아이는 여자아이가 주인공인 작품은 거들떠보지도 않지만, 여자아이는 남자아이가 주인공이라도 어른스럽게 보기 때문인 것 같다는 생각이 든다. 시청률을 제일 먼저 생각하면 남자아이를 주인공으로 하는 것 외에 다른 선택지가 없다.

하지만 여자아이들 역시 동성이 활약하는 이야기를 보고 싶어 한다. 우리 딸은 〈도라에몽〉을 좋아하는데, "열심히 공부하는 시즈카(한국 이름: 이슬이)가 아니라 게으른 노비타(한국 이름: 진구)에게 도라에몽이 찾아오는 것은 불공평해"라고 불평한 적이 있다. 이 연령대의 아이들에게는 여자아이가 공부와 독서를 좋아하고, 여자아이는 남자아이보다 수학을 못한다는 선입견도 없다. '프로젝트 MC²'는 STEM 요소를 빼더라도 그런 여자아이들이 거리낌 없이 즐기는 모험 드라마인 것이다.

여담이지만 미국 디즈니 채널에서 하는 트윈 세대의 여자아이들을 위한 드라마 〈Girl Meets World〉에서도 2016년에 'Girl Meets STEM'(시즌2, 에피소드 26)이 방송되었다. 미국 드라마 업계에도 여자아이를 위한 STEM 드라마 열풍이 불지도 모르겠다.

영국에서 탄생한 STEM 인형 '로티'

리카짱인형과 얼굴이 닮은 런던 출신 패션인형 '로티'는 최근에 STEM 인형으로 주목을 받고 있다. 로티인형은 원래 어린 소녀가 섹시함을 지향하는 일이 없도록 메이크업을 하지 않고, 액세서리도 하지 않은 9세 아이다운 체형의 패션인형으로 인형 제조사인 아클루사가 2012년에 생산한 것이다. 로티는 하이힐을 신지 않기 때문에 지지대 없이도 설 수 있다. 의상도 반바지에 타이즈, 롱 티셔츠 등 캐주얼하면서도 영국다운 세련된 색상의 현실적인 옷이 중심이다. 드레스도 있기는 하지만 파티에 초대되었을 때 입는 특별한 의상이라는 설정이기 때문에 평소에는 입지 않는다.

아클루사는 소규모 기업 특유의 가벼운 발놀림을 활용해서 어린 소녀들의 희망사항을 재빠르게 반영해왔다. 그 결과 자연스럽게 '로봇 걸 로티' 등 이과 여자아이 세트가 탄생한 듯하다. '로봇 걸 로티'는 재활용품으로 가사로봇을 조립해서 사이언스 페어에 나가는 여자아이라는 설정으로 원자 무늬 겉옷에 검정과 초록이 섞인 안경, 로봇 티셔츠를 입고 있다. 로봇은 별매품으로 나사나 톱니 바퀴 스티커를 붙여서 자기 스타일로 꾸밀 수 있다. 머리에 꽃을 달고 핑크색 장화를 신은 '여름 페스티벌 로티', 가라테 도복을 입은 '귀여운 가라테 선수 로티', 동물 쉼터에서 자원봉사로 동물 보호활동을 하는 '판도라의 상자 로티', 물웅덩이에서 샴푸하는 것을 좋아하는 '진흙탕 물웅덩이 로티', 마린룩을 입은 '등대지기 로티' 등 이과계열을 제외하더라도 하나같이 독특한 테마를 가진 인형들이다.

공식사이트에는 작가 제인 오스틴, 알렉산드리아의 수학자 히파티아, 남장을 하고 미국 독립전쟁에서 싸운 병사 데보라 샘슨 등 다양한 장르에서 역사에 이름을 남긴 수십 명의 여성들의 전기를 공개하고 있다.

2015년에 미국에서 개최된 국제 토이페어에 돋보기, 삽과 함께 네 개의 암모나이트가 든 배낭이 들어 있는 '화석 채집가 로티'와 천체망원경과 삼각대가 들어 있는 '천문학자 로티'를 출품하면서 STEM 인형으로 화제를 모았다. 아클루사는 '화석 채집가 로티'와 '천문학자 로티'를 만들면서 여성 고생물학자와 고고학자, 지질학자, 천문학자, 유럽 우주 기관ESA의 감수를 받았다. 로티의 의상과 부속품의 리얼리티는 그녀들이 보장한다.

캐나다인 우주비행사 크리스 하드필드를 동경하는 캐나다의 6세 소녀 아비게일의 리퀘스트로 탄생한 '천문학자 로티'는 2015년 12월에 정말로 우주로 날아가게 되었다. 로티는 유럽 우주 기관의 우주비행사인 팀 피크의 보호를 받으며 국제우주정거장까지 우주비행을 하는 데 성공했다. 아클루사의 사장이 유럽 우주 기관에 제안하고, NASA의 승인을 거쳐서 실현된 이 미션은 아비게일을 비롯한 우주를 좋아하는 전 세계의 소녀들에게 용기를 주는 것이었다. 미국에서는 거의 선전한 적이 없음에도 불구하고 천문학자 로티는 우주에 도착하기 전에 이미 재고가 바닥날 정도였다.

이 성공 덕에 매상이 비약적으로 늘어난 아클루사는 2016년 이후에 '로티'의 집과 아동 도서 발매 등 새로운 상품 개발을 준비하고 있다. 1965년에 이미 우주비행사 모델도 발매했던 바비를 제치고 마이너한 로티가 이런 쾌거를 거둘 수 있었던 것은 유럽 우주 기관과의 공동 개발로 탄생한 리얼리티와 소녀들의 건강한 롤모델로서 수많은 상을 수상함으로써 그 교육적 효과가 공적기관에게 좋은 평가를 받았기 때문일 것이다.

섹시함을 절제한 여자 액션 피규어

이러한 여아용 STEM 완구의 인기에 힘입어서 2015년 홀리데이 시즌에는 대형마트도 여아용 STEM 완구를 적극적으로 판매하기 시작했다. 미국 토이저러스는 '프로젝트 MC²' 시리즈를 홀리데이 시즌의 최고 인기 토이로 뽑았다. 한편, 시카고의 완구점인 타임리스 토이는 '골디 블록스'와 '로티'를 뽑았다. 타임리스 토이에 따르면 2015년에는 전년도 대비 STEM 인형의 판매가 7배나 늘었다고 한다.

남자아이용이라는 이미지가 강한 액션 피규어 분야에도 여자아이를 위한 시리즈가 등장했다. 7개의 피규어가 모두 여자아이 캐릭터인 'IAmElemental' 시리즈는 '남자아이와 여자아이가 함께 놀 수 있는 섹시함을 절제한 여자 슈퍼 히어로 피규어가 있었으면 좋겠다'고 생각한 뉴욕의 두 엄마가 '킥 스타터'에서 자금을 모집해서 16만 달러를 획득한 뒤 2014년에 상품화한 것이다.

액션 피규어의 여성 캐릭터는 가슴이 머리보다 크거나 성적인 부분을 강조한 것이 많지만, 이 시리즈는 캐릭터들의 가슴 사이즈가 모두 적당하다. 가슴뿐만 아니라 다리가 섹시하게 너무 벌어지지 않도록, 그리고 엉덩이의 갈라진 부분도 너무 크지 않도록 세심한 주의를 기울여서 디자인했다고 한다. 여자아이들은 과도하게 섹시한 여자 캐릭터에 감정이입을 하기 어렵기 때문이다.

캐릭터를 살펴보면 전기 충격을 컨트롤하는 '에너지', 고장 난 기계를 수리할 수 있는 능력이 있는 '인더스트리' 등 이과적인 성향을 가지고 있어서 여자아이를 STEM 장르로 이끄는 피규어로도 주목받고 있다. 〈어벤져스〉나 〈스타워즈〉 등 남자들이 좋아하는 액션 피규어와 거의 같은 크기여서 액션 피규어로 여동생과 놀고 싶은 오빠, 딸과 함께 놀고 싶은 아빠에게도 평판이 좋다. 2014년에 타임지가 선정한 '장난감 베스트 10'으로도 선정되었다.

조립 완구로 유명한 장난감 브랜드인 'K'NEX(케이넥스)'가 발매한 여아용 시리즈 '마이티 메이커스'는 여자아이 피규어가 들어 있는 조립 키트로 비행기, 배, 기관차 등을 만들 수 있다.

킥 스타터에서 사전 예약을 받았던 여아용 웨어러블 완구 '링키츠'는 빛과 소리를 프로그래밍으로 컨트롤할 수 있는 마법의 팔찌다. 매사추세츠 공과대학 출신의 컴퓨터 과학자 리사 닐이 자신의 세 딸이 프로그래밍을 친근하게 느꼈으면 하는 바람에서 고안한 것이다. 그녀는 초등학생 딸에게 엔지니어링 완구를 사줘도 그다지 가지고 놀지 않았기 때문에 사교를 중요시하는 여자아이를 위한 커뮤니케이션 요소를 도입했다고 한다. 친구들이 가까이에 있으면 라이트가 들어와서 신호를 주고, 프로그래밍하기에 따라서 친한 친구와 팀 메이트의 점멸 방법을 바꿀 수 있게 하는 것이 판매 전략이다. 또한 부품을 바꿔 끼우면 휴대용 무선 통신기나 마법의 지팡이가 되기도 하고 간단한 게임기가 되기도 한다. 구글의 'Blockly'라는 비주얼 언어를 사용하고 있어서 8세 아이라도 마우스 조작만으로 쉽게 프로그래밍을 할 수 있다.

하지만 STEM 인형들도 과거와 다름없는 여성에 대한 고정관념을 계승하고 있다는 비판과 무관하지는 않다. 모처럼 대형 완구 체인점이 핑크와 블루의 성별 구분을 철폐했는데, 장난감은 오히려 후퇴해버렸다는 목소리도 들린다. '프로젝트 MC²'의 화학실험 세트에 립밤을 만드는 키트 등 미용 관련 제품이 몇 가지 포함되어 있다는 사실도 비판의 대상이 되고 있다.

하지만 그렇다고 해서 여아용 STEM 완구의 상승세가 멈추지는 않을 것 같다.

그 배경에는 딸들이 핑크 프린세스에 심취한 것에 골머리를 앓던 부모들이 그녀들의 취미를 받아들이기 시작했다는 사실에 있다. 21세기 이후 전 세계의 여자아이들을 지배하던 핑크 글로벌리제이션에 대한 비판도 일단락 지어지고, 소녀들의 취향 자체를 존중하자는 것이 최근의 흐름이 된 듯하다.

여아용으로 판매된 핑크색 무기 완구에 대해 걱정하는 2014년 3월 뉴욕 타임지 기사에 대해서 The Cut지의 한 라이터는 "핑크색 여자아이 문화에는 사회의 소녀관의 변화가 반영되어 있다. 프린세스는 보다 다이나믹해지고, 액션 히로인은 보다 강하고 복잡한 존재가 되었다. 〈마이 리틀 포니〉에는 페미니즘적인 요소가 담겨 있으며, 소년들과 젊은 남성 팬들(브로니)을 모으고 있다. 걸리girlie에는 더 이상 옛날 같은 의미가 담겨 있지 않다. 그것은 좋은 일이다", "아이언맨이 된 것처럼 노는 남자아이는 엘사 코스프레를 하는 여자아이만큼 바보 취급을 받지 않는다. 똑같이 판타지로 놀고 있는 것뿐인데도 말이다. 만약 우리가 핑크를 여자아이 문화의 상징으로 다루면서 동시에 경박함의 상징으로 생각한다면, 여자아이의 세계는 중요하지 않다는 메시지를 아이들에게 전달하는 것이나 마찬가지다"라고 반론했다. "총 싸움을 하며 노는 남자아이가 장래에 우주 전사가 될 거라고 믿어서 그렇게 논다고 생각하는 사람은 없을 것이다. 여자아이도 핑크 속에서 똑같이 자유로운 상상력을 발휘하고 있는 것뿐이라고 생각해야 한다. 왜 아들이 나쁜 사람을 죽여야 한다고 생각하게 되는 것보다 딸이 왕자님이 도와주러 올 거라고 생각하게 될까봐 걱정하는 걸까?" 어떤 엄마는 딸이 핑크를 좋아하는 것을 자신이 왜 싫어하는지 자문해보고 이런 결론을 내렸다고 한다. "반짝반짝, 핑크 공주, 데코레이션 네일, 티아라……. 그런 것을 약하고, 지루하고, 머리가 나쁜 것과 동일시했던 것 같다. 그것은 문제였다."

자유로운 사고를 하는 부모들은 자신이 강요한 적도 없는데 3~7세 딸들이 하나같이 핑크와 반짝반짝 프린세스를 좋아하는 것은 아마도 태생적일 것이라는 견지에 도달하고 있다. 핑크를 설탕이라고 한다면 교육적인 요소가 없는 핑크색 장난감은 설탕과 인공 착색료를 듬뿍 넣은 불량식품, 여성해방운동 시대의 중성적인 장난감은 과당 제로의 금욕적인 유기농 간식, 여아용 STEM 장난감은 설탕을 줄인 건강한 디저트라고 할 수 있을지도 모른다. 불량식품만 먹으면 병에 걸리지만, 설탕과 버터가 없는 쿠키만 먹는 것도 재미가 없다. 비타민과 미네랄이 풍부한 말린 과일을 넣은 케이크를 즐겁고 건전하게 먹는 건 어떨까? STEM 인형은 바로 이런 존재일지도 모른다.

다양성을 추구하는 인형업계

라벤더 컬러로 알 수 있는 여아용 '레고 프렌즈' 시리즈와는 별도로 수많은 레고의 최신 키트는 핑크를 싫어하는 여자아이도 좋아할만한 내용을 담고 있다. 2013년에 발매한 여성 과학자 시리즈가 화제가 된 레고는 이후에도 다양한 키트에 STEM 계열 전문직 여성 미니 피규어를 넣었다. 2015년 여름에 발매한 우주선 기지 키트에 들어 있는 사람 인형은 네 명 중 두 명이 여성(항공 우주 엔지니어와 우주 비행사)이다. '심해 헬리콥터' 키트에서는 여성 해양학자 실비아 알에 대한 존경의 의미를 담은 미니 피규어를 비롯해서 파일럿 두 명이 모두 여성이다. 이런 선진기술 영역뿐 아니라 자동차 정비공 등 종래의 기계공학분야를 상징하던 직업에도 여성 미니 피규어가 진출하기 시작했다. 모두 핑크나 파스텔컬러와는 상관없이 남성과 섞여서 일하는 자연스러운 여성 전문직 이미지를 제시하고 있다. 참고로 2007년에 방송되기 시작하면서 일본에서도 인기를 얻고 있는 이과계 드라마 〈빅뱅 이론〉 키트도 최근에 발매되었는데, 주연 캐릭터인 에이미(뇌신경과학자)와 베르나데트(미생물학자)라는 두 명의 여성도 레고 캐릭터가 되었다.

또 일본인으로서는 '킥 스타터'에서 현재 자금을 모금하고 있는 구체관절인형 '유나'의 상품화를 기대하지 않을 수 없다. 유나는 아시아계 미국인으로 검은 머리를 땋고 롱 가디건을 입고 있는데 수수한 것을 좋아하고 공부를 좋아하는 일본인 여자아이로 보인다. 좋아하는 것은 '과학, 여행, 로켓, K-POP, 아키하바라에서 구입한 디지털 카메라, 일본제 다이캐스팅 메탈 완구, 한국 요리, 신주쿠 역 근처 골목에서 먹는 닭 꼬치'다. 그녀의 꿈은 로켓 개발 기업을 설립해서 화성에 가는 것이며, 그녀의 애완동물인 검은 고양이의 이름은 '가마켄'이다. 프로모션 영상에서 유나는 도쿄의 이자카야 체인점 '와라와라'를 배경으로 새침한 미소를 짓고 있다. 이렇게 다소 색다른 STEM 인형 '유나'를 제안하는 것은 몬스터계 인형 '어글리 돌'을 만들어낸 뉴욕의 일러스트레이터 데이비드 호바스와 김선민 부부다. 이 부부는 한국인의 피를 이어받은 자신의 아이가 꿈과 희망을 맡길 수 있는 쿨하고 귀여운 아시아계 인형이 필요하다고 생각했다. 블루나 핑크가 아니고 슈퍼 히어로나 슈퍼 모델이 아닌, 보다 상상력을 발휘하면서 놀 수 있는 인형 말이다. 10인치짜리 구체관절 인형이라면 옷을 갈아입히는 것 이상의 즐거움이 있을 것이다. 이름과 취미 모두 한국인이라고도 볼 수 있고 일본인이라고도 볼 수 있는 설정으로 수수하면서 귀여운 겉모습은 화려한 인형에게는 끌리지 않는 여자아이도 감정이입을 할 수 있을 것 같다. 일본에 한발 앞서서 미국에서 STEM 계열 일본인 여성 인형이 발매될 날이 멀지 않았는지도 모른다.

남자아이도 바비인형을 좋아합니다

라이벌 인형들이 화학실험을 하거나 우주를 항해하는 동안에 바비인형이라고 핑크색 드림 하우스에서 편안하게 쉬고 있었던 것은 아니다. 2015년 10월, 마텔사는 어린 여자아이들이 각각 뇌과학 분야의 대학교수, 기업가, 수의사, 박물관의 학예원, 축구팀 코치가 되어서 어른들 앞에서 열변을 토하는 새로운 광고 영상을 공개했다. 바비는 마지막에만 잠깐 얼굴을 비출 뿐, 주인공은 동경하는 직업에 도전하는 소녀들이다. 그리고 어른들은 아무 이야기도 듣지 못한 일반인으로 그들의 솔직한 반응을 미리 숨겨둔 카메라로 몰래 촬영한 것이다. "오늘은 제가 여러분의 강사입니다", "오늘 담당 수의사는 저예요"라고

PINK

말하는 소녀들 앞에서 어른들은 당혹스러운 표정을 감추지 못한다. 하지만 소녀들의 당당한 이야기를 들으면서 서서히 감탄한 듯한 미소를 보인다. 마지막으로 집에서 바비인형을 손에 들고 대학 강의 놀이를 하고 있는 여자아이의 모습이 비춰지고 "바비인형과 놀 때 여자아이는 자신이 상상한 사람이 됩니다. 당신은 뭐든지 될 수 있습니다"라는 문구가 나온다. STEM 인형으로의 변화에 앞장서기를 반세기, 1960년대부터 커리어우먼을 해오면서 거친 직업의 수로는 다른 어떤 인형에게도 뒤지지 않는 바비의 지위에 걸맞은 활약이다.

게다가 2015년 11월에는 처음으로 남자아이를 기용한 바비인형 광고 영상이 등장했다. 이탈리아의 패션 브랜드 '모스키노'와 콜라보레이션한 '모스키노×바비' 광고 영상이 그것인데 한 남자아이가 두 명의 여자아이와 섞여서 "모스키노 바비, 엄청 멋있다so fierce!"라고 목소리를 높인다. 모스키노의 크리에이티브 디렉터인 제레미 스콧은 패션 사이트와의 인터뷰에서 "모든 소녀들, 그리고 게이 소년들과 마찬가지로 나도 바비를 아주 좋아합니다"라고 이야기했다. 영상에 등장하는 소년이 제레미와 비슷한 헤어스타일을 하고 있는 것도 우연은 아닐 것이다. 함께 놀고 있는 두 소녀의 피부색이 다르기 때문에 이 영상은 인종과 성의 다양성을 존중하고 있다고 인터넷상에서 공감을 얻었다. 특히 어려서부터 눈칫밥을 먹던 남성 바비 팬들로부터의 지지가 절대적이었던 것 같다.

STEM 인형들이 핑크색 취향을 남긴 채로 종래의 남성영역에 진출한다면, 바비는 핑크를 좋아하는 남성을 여성의 영역으로 끌어들인다. 좋은 의미로든 나쁜 의미로든 여성성을 상징해온 바비기 때문에 가능한 곡예인지도 모른다. 어떤 라이벌이 등장한다고 해도 아직까지는 바비가 인형업계의 여왕임이 확실한 듯하다.

여자아이도 액션 영화 주인공처럼 싸울 수 있어요!

'골디 블록스'는 2015년 11월에 아프리카계 미국인 루비 레일즈라는 여자아이 캐릭터가 낙하산을 타고 뛰어내리는 액션 피규어를 발매했다. 웹 어플리케이션 개발의

뼈대를 짜는 '루비 온 레일즈Ruby on Rails'에서 딴 이름에서도 알 수 있듯이 루비의 직업은 프로그래머다. 루비가 책임지고 있는 것은 낙하산으로 놀면서 공기역학을 배울 수 있는 STEM 콘셉트만이 아니다. 프로모션 영상에서 새롭게 문제로 떠오른 주제는 액션 영화의 주인공이 거의 남자라는 것, 특히 유색인종 여성이 주인공인 영화는 전체 영화의 1퍼센트밖에 없다는 것이다. 영상 안에서 루비는 〈매트릭스〉 등 다양한 유명 작품을 패러디하면서 여자아이도 자신의 힘으로 싸우는 히로인이 되자고 호소한다. 종래대로라면 체격이나 힘이 부족한 여자아이가 남성과 비슷하게 싸우려면 마법의 힘을 빌리거나 타고난 혈통이 좋아야만 했다. 마법소녀 시리즈부터 〈프리큐어〉 시리즈에 이르기까지 일본의 여아용 애니메이션의 히로인들, 그리고 디즈니 프린세스들은 정말로 그런 배경을 가지고 있었다. 하지만 여자아이가 지금은 마법에 의지하지 않아도 (또는 눈같이 새하얀 피부색을 가진 공주님이 아니어도) STEM 기술을 이용해서 인생의 주인공으로 싸울 수 있는 존재가 되고 있다.

4

핑크칼라의 함정

- 일본 여성의 사회 진출이 늦어진 이유

2015년 8월, 가고시마 현 이토 유이치로 지사가 "고등교육에서 여자에게 (삼각함수인) 사인, 코사인, 탄젠트를 가르친다고 뭐가 되겠느냐", "여성에게는 식물 이름을 가르치는 것이 장래에 더 유익하다"는 내용의 발언을 해서 물의를 일으켰다.

그의 발언을 들으니 1970년대에 베스트셀러가 된 육아서에 "여자아이의 뇌는 이과에 적합하지 않기 때문에 문과 과목만 가르치라"고 당당하게 쓰여 있었던 것이 떠오른다. 그러고 보면 67세 일본인 남성이 이런 발언을 하는 것이 특별히 이상하게 생각되지도 않는다. 일본에서 여성이 고등수학 지식을 살릴만한 일을 하는 모습을 상상할 수 있는 사람이 몇 안 되는 것이 사실이기 때문이다.

앞 장에서 미국을 중심으로 여자아이에 대한 STEM 교육이 활발하게 진행되고 있다고 소개했는데, 세계 경제 포럼이 발표한 '젠더 갭 지수 리포트 2015'에 따르면 일본의 STEM 계열 고등교육 졸업자 중에서 여성이 차지하는 비율은 14퍼센트로 OECD 국가 중에서 최하위를 기록했다(세계은행 조사에서도 공학계열 여학생 비율은 일본이 최하위다). STEM 영역에서 여성이 적다는 것을 문제시하고 있는 미국에서조차도 여성의 비율이 30퍼센트에 달하는데, 여성의 비율이 고작 14퍼센트밖에 안 되는 일본에서는 이것을 큰 문제로 여기는 것 같지 않다. 박사학위 취득자 중 여성이 차지하는 비율도 OECD 국가 중 최하위다. 중학교까지는 남녀 간 교육 격차가 거의 없는데도 불구하고 말이다.

주니어 교육 이코노미스트인 하타케야마 쇼타 씨는 일본 여학생들은 다른 나라의 여학생들에 비해 대학 진학률이 낮을 뿐 아니라 고임금으로 이어지기 힘든 문과계열이나 서비스계열 학부를 선택하기 쉽고, 이것이 남녀 간의 임금 격차 문제를 발생시킨다고 분석한다.

이런 분석을 보면 잘하는 과목이 수학이었음에도 불구하고 문학부를 선택한 나도 뜨끔할 수밖에 없다. 나는 초등학생 때 누구한테 배운 적도 없는데 스스로 도서관에서 빌린 책을 보면서 기초적인 프로그래밍을 즐겼고 미적분도 풀었었다. 그런데 지금은 미적분의 뜻조차 모르겠다. 야근이 많은 정사원 일은 임신 전에 그만두고, 지금은 두 아이를 키우면서 파견사원으로 일하고 있다. 나는 전형적인 일본 여성의 삶을 살고 있는 것이다. 결국 삼각

함수를 활용한 것은 초등학교 시절에 취미로 프로그래밍을 할 때뿐이었다.

"그렇게 어렸을 때부터 프로그래밍과 수학을 좋아했으면서 왜 프로그래머가 되려고 하지 않았어요?"라는 질문을 받을 때도 있다. 남자로 태어났다면 아마도 장래에 프로그래머가 되고 싶어 했을 것이다. 하지만 나는 프로그래머가 되겠다고 생각한 적이 한 번도 없었다. 남녀고용기회평등법조차 없었던 1980년대 당시에 주위에 있던 어른 여성들은 대부분 전업주부였고, 일하는 여성은 학교 선생님이나 간호사, 가게 점원 정도밖에 없었다. 그런 지방에 사는 여자아이가 프로그래머를 상상할 수 있을 리가 없었다. 쉽게 말하자면 롤모델이 없었던 것이다.

조금 큰 다음에 읽기 시작한 소녀 패션지에는 동경하는 직업에 관한 특집 기사가 몇 번인가 실렸었다. 작가, 편집자, 일러스트레이터, 번역가, 통역사, 승무원, 카페 점원, 헤어스타일리스트……. 화려한 여성들의 직함은 하나같이 문과계열이나 서비스계열 직업이었다. '문과계열이라면 여성에게도 문이 열려 있는 건가?' 하고 단순하게 생각한 나는 아무런 고민도 하지 않은 채 문과를 선택했다. 남녀공학이었기 때문에 이과를 선택해서 남자아이들이 우글대는 교실 안으로 던져지기 싫다는 생각도 있었다. 당시에 읽었던 무라카미 류의 소설 〈69 sixty nine〉(1987년)에 "이과 반이었기 때문에 여자아이는 일곱 명밖에 없었고, 그중 다섯 명은 못생겼다"라는 대목을 읽은 것도 조금 영향을 주었다. 이과 반에서 몇 안 되는 여자아이 중 한 명이 되어서 남학생들의 인정사정없는 심판을 받을까봐 두려웠던 것이다.

부모님과 선생님은 조금 놀랐지만 특별히 말리지도 않았다. 어른들도 여자가 이과로 진학해봤자 변변한 직업을 찾지 못하리라고 생각했을 것이다.

'여자다운 직업'과 현실의 괴리

내 선택이 잘못됐다고 깨달은 것은 취업활동을 시작하고부터였다. 각 기업에 내 이름(여자 이름)으로 자료요청을 했는데, 자료가 전혀 오지 않는 것이었다. 그런데 재수를 결심하고 취업활동을 전혀 하지 않는 같은 반 남학생 집에 가보니, 책상 위에 기업에서 보낸 자료가 산더미 같이 쌓여 있었다. "요청하지도 않았는데 자꾸 보낸단 말이야." 그때 비로소 깨달았다. 나의 학부 선택은 남자라면 몰라도 여자로서는 아주 잘못된 것이었다. 1995년 여름의 일이었다. 당시 이과 여성의 취업 상황이 어땠는지는 몰라도 문과보다는 좀 나았을 것이다.

내가 다닌 고등학교는 진학률이 높기로 유명한 공립 고등학교였지만, 인기 있는 운동부의 매니저가 되거나 예뻐지는 일에 전념하는 등 중간에 공부를 그만두는 여학생이 많았다. 부모님이나 선생님의 말을 잘 듣는 순종적인 우등생일수록 공학 고등학교에 입학하면 교실을 지배하는 남학생들의 '여자는 어리숙하고 귀여운 편이 좋다', '여자의 본분은 공부보다 보살핌'이라는 규범에 고분고분 따르는 것이었다. 가사일과 동생들 돌보는 일에 바빴던 반 친구는 유치원 선생님이 되고 싶어 했다. 대학에 진학하고자 하는 남학생은 결코 이런 길을 선택하지 않겠지만 여학생에게는 평범한 선택지였다. 대학 졸업 후에 재회한 그녀는 꿈꾸듯이 말했다.

"요즘 성우기획사에 등록금을 내고 다니고 있어. 성우

가 되려고 해."

"유치원 선생님은?"

"힘들어서 이제 그만두려고."

"처음에 돈을 요구하는 기획사는 그만두는 게 나을 것 같은데……." 이 정도밖에 해줄 말이 없었다.

중학교 때부터 전 과목에서 좋은 점수를 받고, 미인인 데다가 이야기도 재미있게 잘해서 인기가 많았던 그야말로 흠잡을 데 없는 다른 친구는 몇 손가락 안에 드는 사립대에 진학했다. 고등학교 졸업 후에는 만날 기회가 없었는데, 내가 취업 때문에 고전하던 시절에 지하철역에서 우연히 마주쳤다. 나처럼 면접용 정장을 입은 그녀는 피곤한 얼굴로 말했다. "승무원 시험을 보러 다니고 있는데, 아직 못 붙었어." 그런 그녀의 지친 모습은 항상 자신만만했던 중학교 시절의 그녀에게서는 상상할 수 없는 모습이었다. 당시에 승무원이 대졸 여성들에게 인기 직업이기는 했다. 하지만 치한을 단어장으로 때려잡을 만큼 용감하고 강인한 그녀와 어울리지 않는다는 생각이 들었다 (성희롱하는 탑승객을 때리는 승무원이 있다는 이야기는 들어본 적이 없다). 만약 그녀처럼 우수한 학생이 남자였다면 벌써 유명상사에 합격하고 지금쯤 실컷 놀고 있었을 거라는 생각을 떨칠 수가 없었다.

대학 시절에 알게 된 유명 여자대학교에 다니는 지인도 승무원이 되는 것이 목표라고 했다. 항상 예뻐지기 위한 노력을 게을리 하지 않고, 여성잡지에서 튀어나온 것 같은 패션으로 몸을 감싸고 다니던 그녀는 우리에게 항공사에 합격했다고 이야기했다. 우리는 진심으로 축하해주었다. 그런데 그녀는 그때 이후로 모습을 감추었다. 다른 친구가 그녀의 소식을 살짝 전해주었는데, 건강진단에서 이상이 있어서 합격이 취소되었다고 했다. 노력파였던 그녀는 취업활동을 위해 다이어트를 너무 혹독하게 한 나머지 거식증에 걸린 것이다.

나는 아르바이트로 일하던 회사에 겨우 취직하게 되었다. 어느 날 다른 부서에서 사무를 보는 여성 파견사원과 함께 점심을 먹게 되었다. 의류 회사에서 정사원으로 일했었다는 그녀는 멋쟁이인데다가 상당히 우수한 사람 같았다. 그녀는 일이 너무 힘들어서 건강이 악화되는 바람에 퇴직하고, 야근을 하지 않는 일을 구하려고 했더니 파견직밖에 없었다고 말하며 한숨을 쉬었다.

핑크칼라의 함정

우리가 빠져 있었던 것은 '핑크칼라Pink Collar의 함정'이었다는 생각이 든다.

핑크칼라란 사회 평론가인 루이스 하우가 1978년에 간행한 서적 《Pink Collar Workers》에서 만들어낸 조어造語다. '화이트칼라', '블루칼라'가 직종을 뜻하는 말로 쓰이듯이 핑크칼라는 여성의 일이라고 간주될만한 직종 전반을 가리키는데, 대개 다음과 같이 분류된다.

- **서비스 계열:** 꽃가게 · 빵가게 등 소매점의 점원, 웨이트리스 · 승무원 · 버스 가이드 등
- **케어 계열:** 간호사, 간호조무사, 보육사, 유치원 교사 등
- **미용 계열:** 미용사, 네일 아티스트, 헤어 · 메이크업 아티스트, 스타일리스트, 옷가게 점원 등
- **어시스턴트 계열:** 일반사무, 접수, 비서, 치과위생사 등
- **어학 계열:** 통역사, 번역가, 영어회화 교사, 영문 경리 담당자 등
- **인문 계열:** 사서, 심리상담사, 편집자, 교열사 등

서비스 계열, 미용 계열은 핑크색 여아용 완구에서 쉽게 찾아볼 수 있는 직종이다. 리카짱인형의 직업도 점원 종류가 많다. 또한 리카짱인형의 친구가 꿈꾸는 직업은 헤어 스타일리스트, 인기 모델, 아이돌, 애견 미용사, 헤어 · 메이크업 아티스트 등이다.

물론 이런 직업을 가지고자 하는 것이 잘못되었다는 것은 아니다. 하지만 인구의 반인 여성이 좁은 핑크의 길로 몰려든다면 어떻게 될까? 《괴짜 경제학》(스티븐 레빗 · 스티븐 더브너 저)에 나와 있는 것처럼 많은 사람이 할 수 있고, 많은 사람이 하고자 하는 일은 임금이 적다. 필연적으로 핑크칼라의 대부분은 저임금이 된다. 전형적인 것이 일반사무직 등의 어시스턴트 계열 직업이다. 그 길은 언뜻 보기에는 입구가 넓고 일도 편해서 꽃이 활짝 피어 있는 길처럼 보인다. 하지만 넓은 것은 입구뿐이고 나이가 들면서 서서히 좁아지거나 벼랑에 이르는 길이기도 하다. 많은 여성이 '누구나 할 수 있는 일이라면 젊은 사람이 좋다'는 이유로 구조조정당하고, 재취업하려고 해도 사무직 모집에는 여성이 쇄도하기 때문에 좀처럼 일을 구할 수가 없다. 40세가 넘으면 시급 800엔짜리 비정규직

일밖에 없는데다가 그것조차 경합 지대라는 이야기도 자주 듣게 된다. 최근에는 정규직 자리를 파견 사원으로 메꾸는 경우도 많고, 젊은 사람이라 할지라도 정규직으로 회사에 들어가기가 점점 어려워지고 있다.

그렇다면 리카짱인형의 친구가 꿈꾸는 것 같은 인기 직업은 어떨까? 이렇게 화려한 일은 다른 핑크칼라 직업과는 조금 달라서 임금 수준이 토너먼트로 정해진다. 《괴짜 경제학》에 따르면, 이런 '화려한 일'에는 영화, 스포츠, 음악, 패션, 출판, 광고, 언론 업계가 포함되어 있다. 높은 급여를 얻을 수 있는 것은 토너먼트를 이겨 낸 몇 안 되는 톱클래스들뿐이다. 그 외의 사람들은 아무리 남들보다 똑똑하고 센스가 있어도 낮은 임금으로 버티면서 장시간의 노동에 시달려야 한다. 아름다운 용모를 요구받는 직업은 거식증 등 정신질환에 걸릴 위험성도 높다.

물론 이런 문제가 '화려한 일'을 목표로 하는 여성에게만 해당하는 것은 아니다. 그렇더라도 연령이나 성별에 따른 서열을 중요시하는 일에서 하위에 놓이게 될 것을 아는 여성은 그렇게 될 바에야 한방을 노리고 실력을 중시하는 화려한 일에 도전한다. 나는 대학 시절에 편집 프로덕션에서 아르바이트를 한 적이 있다. 사원들이 월급 13만 엔을 받고 아침부터 이른 아침(!)까지 일하는 회사였다. 사장을 제외한 모든 사원이 젊은 여성이었다. 사장은 "일을 가르쳐주기 때문에 이 정도 월급도 많이 주는 겁니다. 그런데도 다들 그만둬요"라며 불평했다. 일의 내용은 기존 여행 가이드 정보를 짜깁기해서 DTP 소프트로 새로운 여행 가이드를 만드는 것이었다. DTP 소프트 사용방법은 그렇다 치더라도 편집 일은 배울 수 없을 것 같았다. 사원들이 하나같이 성실하고 착해 보여서 괜스레 더 마음이 아팠다.

유치원 선생, 보육사, 간호사 등의 케어 워크는 비교적 자격증을 따기도 쉽고, 취직도 간단하기 때문에 주위 어른들이 여자아이들에게 쉽게 추천할 법한 일이다. 하지만 책임이 무겁고 경험이나 기능을 요구하는 것 치고는 적은 임금으로 중노동에 시달리며 인간관계도 어려워서 젊을 때 이직하는 경우가 부지기수다. 넓기는 하지만 핑크색 가시나무가 빈틈없이 깔린 길이라고 할 수 있다. 임금을 올리는 대신에 무자격자에게도 출입구를 넓혀서 낮은 임금을 유지하려고 하는 경우도 자주 있다. 이처럼 저임금에 스트레스가 많고 승진할 방법이 없는 여성의 일은 '핑크칼라 게이트'라고도 불린다(1983년 《Poverty in the American Dream: Women&Children First》에서).

여자들은 왜 핑크칼라로 향하는 것일까

남녀고용기회평등법 이전에 태어난 우리는 그렇다 치더라도 현대의 여자아이들은 어떨까? 다이이치 생명보험이 미취학 아동부터 초등학교 6학년까지의 아이들을 대상으로 '장래희망'을 설문조사(조사기간: 2015년 7~9월)한 결과는 다음과 같다.

[남자]

1위 축구선수

2위 야구선수

3위 경찰관, 형사

4위 전철 · 버스 · 자동차 운전사

5위 목수

6위　의사

7위　음식점 주인

8위　학자, 박사

9위　우주비행사

9위　소방요원, 구급대원

[여자]

1위　음식점 주인

2위　어린이집 · 유치원 선생님

3위　간호사

4위　의사

5위　학교 선생님(학원 선생님)

6위　가수, 탤런트, 개그맨

7위　사육사, 동물병원 원장, 조련사

8위　디자이너

9위　가게 주인

10위　피아노 · 전자 오르간 선생님, 피아니스트

여자아이 6위인 가수, 탤런트, 개그맨은 2년 전에

1989년 조사를 시작한 이래 처음으로 베스트 3위에 진입했는데, 이것은 아이돌 애니메이션 〈아이카츠〉(2012년 방송 시작)의 영향으로 보인다. 또한 다이이치 생명보험은 디자이너와 가게 주인(옷 가게 주인 포함)의 인기가 급상승하고 있는 것은 패션 코디네이트를 다루는 애니메이션 〈프리파라〉(2014년 방송 시작)의 인기로 인한 결과라고 설명한다. 모두 3~7세 여아에게 상당한 인기를 자랑하는 애니메이션이다.

조사를 시작한 이래로 부동의 1위 자리를 지키고 있는 음식점 주인은 파티쉐와 케이크가게 사장이 80퍼센트를 차지한다. 초등학생 이하인 여자아이의 직업 선호도는 핑크색 여아 문화 혹은 가까운 사람에게 영향을 많이 받는다. 현대 젊은 여성의 직업 영역은 과거보다 훨씬 넓어지고 여성 엔지니어나 회계사도 드물지는 않지만, 그래도 여자아이의 롤모델이 되는 것은 여아 문화 속의 화려한 캐릭터나 핑크칼라 일을 하는 엄마 세대 여성들이 대부분이다.

일이 가혹하거나 임금이 낮아도 많은 여자아이가 핑크의 길로 나아가는 첫 번째 이유는 애초에 그것 이외의 선택지를 생각하지 못하기 때문이다. 천직이란 다른 사람들은 힘들다 생각해도 자신에게는 힘들지 않은 일이라는 말이 있는데, 우리는 눈에 띄기 쉬운 반짝반짝 빛나는 직업을 동경하며 이를 '꿈'이라고 착각하기 쉽다.

두 번째 이유로 남성이 많은 직업군으로 들어가려면 어느 정도의 각오가 필요하다는 것을 들 수 있다. 여성이 핑크칼라 이외의 일을 할 경우 '남성 사회 속에서 미움을 받지는 않을까, 성희롱을 당하지는 않을까, 아이를 낳아도 계속할 수 있을까' 등의 불안요소가 끊이지 않는다.

해외와 국내의 몇 가지 조사를 통해서 밝혀진 것처럼 학력이 동등할 경우, 여고를 다니는 여학생보다 공학을 다니는 여학생이 이과반으로 진학하는 비율이 낮다. 이것도 고등학교 시절에 내가 그랬던 것처럼 남자아이들로 꽉 찬 교실을 피하고 싶기 때문일 것이다.

또한 여성들은 일반적으로 사랑을 받는 것, 미움을 받지 않는 것이 가장 중요한 덕목이라는 말을 들으면서 자라기 때문에 '남성에게 미움 받을 위험 부담'을 가능한 피하려고 한다. 가쓰마 가즈요 같은 여성 비즈니스맨이나 여성정치가가 어떤 취급을 받는지를 보면 보통 여성은 좀처럼 정치 · 경제의 길을 가려는 생각을 하기 어려울 것이다. 평론가인 사이토 미나코는 저서 《말은 할 탓이다》(2014년)에서 '여자', '엄마', '생활자의 시선'을 내세우는 여성 의원들을 보육행정 등에서밖에 활약하지 못하는 '핑크칼라'라고 부르고, 여성 의원들이 핑크칼라가 되는 이유를 츠지모토 기요미처럼 핑크칼라에서 벗어나면 남성 사회에 받아들여지지 않기 때문이라고 평했다. 선거 기간 중에 여성 의원이 엄청나게 화려한 핑크색 정장을 선택하는 것도 적어도 겉모습만이라도 '여자의 영역 밖으로 나오지 않아요'라고 어필하기 위한 것일까?

여성이 많은 직업이라면 여자 주제에 건방지다고 남자와 여자 모두에게 미움을 받을 위험부담이 낮다. 게다가 가사 · 육아와도 양립하기 쉬워 보인다. 높은 급여를 받는 전문직은 매일같이 실력을 갈고 닦아야 하고, 출산을 하면 그대로 마미 트랙mommy track*(엄마용 2류 코스)으로 밀려나는 경우도 많기 때문이다. 그 점에서 여성이 많은 일을 하면 출산 휴가나 육아 휴직도 쓰기 쉽고, 아이가

* 출산과 육아 등으로 승진에서 밀려난 전문직 여성을 '마미 트랙으로 밀려났다'고 한다.

갑자기 아파서 데리러 가야 하는 상황이 생겨도 눈치가 덜 보일지도 모른다.

세 번째 이유로는 '순진무구한 미소녀', '희생적인 엄마' 등 자아나 욕망을 가지지 않는 것이 이상적인 여성의 모습이라고 주입받으며 자란 일본 여성은 자기 욕망을 바라보는 일에 익숙하지 않다는 점을 들 수 있다. 자신의 능력에 대한 자신감, 커리어에 대한 욕심, 인정받고자 하는 욕구 등을 부끄럽게 생각하는 사람은 '나는 객관적으로 볼 때 무슨 일에 잘 맞고, 무엇을 하고자 하는가? 그리고 그러기 위해서 무엇을 해야만 하는가?'를 끝까지 파고들지 않은 채로 어른이 된다. 그리고 주위 사람들이 기대하는 여성상에 자신을 물들여버리는 것이다.

반복해서 말하지만 핑크칼라를 지향하는 것 자체가 문제는 아니다. 문제는 많은 여성들이 좁은 길로 몰려서 대부분의 여성이 낮은 임금에 만족해야만 하는 구조 자체에 있다.

개선되지 않는 일본

앞에서 이야기한 것이 여학생이 인문계, 서비스계 등의 낮은 임금의 노동으로 이어지기 쉬운 학부를 고르는 이유에 대한 나의 생각이다.

이런 상황은 1970년대 무렵까지는 선진국에서도 흔히 볼 수 있었다. 하지만 그 후, 일본 외의 OECD 국가들은 개선 노력을 거듭해서 여성의 STEM 계열 학부 진학률을 높여 왔다. 결과적으로 개선 속도가 느렸던 일본이 최하위로 떨어지게 되었다는 것이 앞서 말한 하타케야마 씨의 분석이다.

개선되지 않는 이유는 그것을 문제로 보는 어른이 많지 않기 때문이라고 할 수 있을 것이다. 딸에게 사주었던 미취학 여아용으로 만들어진 핑크색으로 반짝이는 잡지를 펼쳐보면 동경하는 인물로 소녀 아이돌 그룹이 등장하는 일이 종종 있다. 한 사람의 엄마로서 '연애 사실이 발각된 것만으로 삭발을 하거나 시멘트 벼락을 맞거나, 성상납을 요구당하고, 인기가 떨어지면 가슴만 겨우 가리고 찍은 사진집을 내곤 하는 직업을 이렇게 어렸을 때부터 동경하게 만들어도 되는 걸까?' 하는 찜찜한 기분이 들지만, 그것을 입 밖으로 내뱄자 아이돌 팬들에게 아이돌이 사람들에게 얼마나 꿈과 희망을 주는 훌륭한 직업인지에 대해서 설교를 듣고 직업 차별 주의자라고 비판만 받을 것이다. 초등학생용 직업 도감에는 안정적인 직업은 죄다 남성의 것이고 여성의 직업으로는 핑크칼라만 등장하는 경우도 많은데, 이에 대해서 딱히 비판을 하는 사람이 없다. 이런 분위기에서 '인형은 여자아이가 다양한 직업을 상상할 수 있는 롤모델이 되어야 한다'고 호소해봤자 페미니즘 사상에 물든 삐뚤어진 사람이라는 비웃음만 당하게 될 것이다.

페미니즘은 제쳐두더라도 고령화 사회인만큼 핑크의 길에서 자질이 있는 여성을 끌어와서 나라를 번영시킬 수 있는 STEM 계열 노동력으로 확보하는 편이 좋을 것 같다. 더 이야기 해보자면 아이를 낳아도 쫓겨나지 않는 안정적인 일을 하게 해서 아이를 많이 낳게 하는 편이 좋지 않을까? 하지만 현실적으로 그렇게 되지 않는 것은 국력 증강보다 여자아이에게 핑크 속에 머물러 있기를 바라는 국민감정이 더 강하기 때문이라는 생각이 든다.

일본에서의 핑크는 미국이나 유럽에서 말하는 핑크보다 훨씬 뿌리가 깊은 것 같다.

모성과 헌신의 색, 핑크

1995~1996년에 걸쳐 세계 20개국의 학생 5천 5백 명을 대상으로 색에 대한 이미지를 물어 국민성의 차이를 조사한 대규모 연구가 있다(《도해圖解 세계의 색채 감정 사전-세계 최초의 색채 인지 조사와 분석》, 지지이와 히데아키, 1999년). 이 조사 결과를 보면 위험은 대부분의 나라에서 '빨강', 고독은 '검정' 또는 '어두운 회색' 등으로 표현하고 있어, 색깔에 대한 이미지의 상당 부분이 국경을 넘어서 공유되고 있다는 사실을 알 수 있다.

여성을 떠올리게 하는 색으로는 일본을 포함한 많은 나라에서 '빨강', '핑크' 등의 따뜻한 색깔이 선택되었다. 핑크는 많은 사람에게 어머니, 생식, 아기, 젊음을 떠올리게 하는 색일 것이다. 독일에서 탄생한 슈타이너 교육* 에서도 핑크는 자궁 안을 떠올리게 하는 색이므로 유아의 생활공간을 핑크색으로 꾸밀 것을 권장하고 있다. 또한 핑크는 유방암 조기 발견 캠페인의 이미지 컬러이기도 하다. 르네상스기의 화가 라파엘로 산치오의 회화 '순결의 마돈나Madonna of the Pinks'에서 아기 예수와 성모마리아가 각각 손에 들고 있는 핑크색 카네이션은 '엄마와 아들의 정신적인 결혼'을 상징한다고 한다.

한편, '헌신'을 떠올리게 하는 색은 나라마다 달랐다. 중국과 러시아는 국가를 상징하는 빨강, 미국과 유럽에서는 기독교의 상징 컬러인 파랑이었다. 핑크를 고른 사람이 가장 많은 나라는 일본뿐이었다. 조사를 진행한 지지이와 히데아키 교수는 일본인에게 헌신이라고 하면 떠오르는 것이 어머니이기 때문일 거라고 추측했다. 또한 '가정'을 떠올리게 하는 색은 일본에서는 핑크라는 대답이 적지 않았고 동아시아 각국도 난색 계열색이 상위를 차지했는데, 미국과 유럽에서는 한색 계열색도 다수 순위에 들어갔다. 가정을 지키는 것은 엄마의 일로 간주되기 마련인 동아시아에 비해서 미국과 유럽에서는 부성父性에 의

* 독일 철학자 루돌프 슈타이너(1861~1925년)의 교육 방식으로서 예술교육을 중시한다.

지하는 부분도 크다는 뜻일 것이다.

일본은 모성원리의 나라인 데 반해서 기독교 문화권인 미국과 유럽의 여러 나라들은 부성원리의 나라라는 말을 한다. 미국은 핑크 사상에 따른 모자 밀착 육아 때문에 젊은 남성이 유약해졌다면서 활발한 여성해방운동으로 '여자=핑크'를 악惡으로 간주하였고, 그로 인해 완구점에서는 핑크가 사라졌다. 대신에 여성의 STEM 계열 진학은 선善으로 여겨져서 봇물 터지듯 STEM 인형이 시장에 많이 나돌았다. '미국은 선과 악이 분명하게 나눠지는구나' 하고 모성원리의 나라에 사는 나는 소박하게 감탄한다.

한편, 패전으로 인해서 통치자로서의 부성이 확립되기 어려운 일본에서는 여성의 전업주부화와 가정의 진화가 서로 어우러져서 모자 밀착 육아가 조금씩 진행되었다. 여성들은 남성과 자리를 나란히 하며 고등교육을 받을 수 있게 되었지만, 아이를 낳으면 사회에서 쫓겨나 '엄마와 자식의 세계'에 갇혀버리게 된다. 그녀들은 막혀버린 자기실현에 대한 소망을 아이를 돌보는 일로 채우고, 자신을 희생해서라도 아들(또는 딸)이 좋은 학교, 좋은 회사에 들어가서 출세하기를 바라며 이런저런 자식 걱정을 한다. 때로는 자신을 가정부로밖에 보지 않는 남편에게 실망하고, 아들을 연인 대용품으로 만들어서 애정을 쏟는 경우도 있다.

모자 밀착 육아가 남자아이를 유약하게 만들고 있다는 비판도 있었는데, 정작 그것을 걱정해야 할 부성은 패전으로 뒤틀려 가정으로 돌아오지 않았다. 아들들은 아버지가 없는 핑크빛 '엄마와 자식의 세계'에서 엄마의 헌신을 누린 다음, 엄마가 없는 '남자들의 세계'에 던져지게 된다. 그들은 남성 사회의 경쟁 속에서 겉으로는 남자다움을 가장하면서 모성의 상실을 떠안고 살아야만 한다. 이런 사회에서 여성에게 요구되는 것은 남성과 동등하게 돈을 버는 능력이나 확립된 자아가 아니라 엄마처럼 모든 것을 긍정하고 수용하는 핑크빛 모성이다.

여담이지만 때때로 외국인들에게 '베이비 토크'라는 놀림을 받을 만큼 다른 나라 여성에 비해서 일본인 여성은 목소리 톤이 높다. 개그맨인 야나기하라 가나코의 성대모사가 그것을 전형적으로 보여주는데, 특히 핑크칼라 직종에 종사하는 여성의 목소리는 톤이 높아지게 되어 있다. 성우나 아이돌처럼 '환상의 여성'을 연기하는 일을 하면 목소리의 높이가 최고조에 달한다. 젠더 갭 지수가 일본보다도 하위에 있는 한국 여성들의 목소리 톤이 낮은 것을 보면 단순히 남존여비 사상에 의한 것이라고 단정할 수는 없는데, 이것도 일본 여성은 (일할 때조차도) 모성과 소녀성을 요구받기 때문이라고 생각하면 납득할 수가 있다. 어느 나라의 엄마라도 아이를 어를 때는 목소리 톤이 높아지기 때문이다. 아이를 대할 때 목소리 톤이 높아지는 이유는 아기가 높은 주파수의 소리에 잘 반응해서라고 한다.

마법소녀 시리즈에서 처음으로 파스텔색과 핑크색이 강하게 도드라졌던 〈요술 공주 밍키*〉의 주인공 모모가 '일본 최초의 모에 캐릭터'가 된 것은 우연이 아닐 것이다. '모에**'란 '귀여운 유아기의 자신과 자신의 모든 것을 받아들여주고 귀여워해준 엄마'로 구성되어 있었던 핑크색 세계에 대한 동경이 아닐까? 〈미소녀 전사 세일러 문〉 시리즈, 그리고 현대의 〈프리큐어〉 시리즈에 여자아이뿐만

* 원제는 〈마법의 프린세스 밍키모모〉다.

** '모에萌え'란 일본 특유의 문화 중 하나로 만화나 애니메이션, 게임 캐릭터에 대한 애정을 뜻하는 말이다.

아니라 '큰 친구(=성인 남성)' 팬이 많은 것도 그런 이유가 아닐까 싶다. 세일러 문이나 프리큐어나 싸움을 하고는 있지만 중요한 것은 '사랑 · 협력 · 우정 · 순진무구함 · 자기희생 · 헌신'이라는 숨 막히는 핑크색 세계다. 악당들이 여주인공들의 모성에 감동해서 교화되는 경우도 자주 있다.

《세일러 문 세대의 사회론》(2015년)의 저자인 이나타 도요시 씨는 세일러문의 주인공 세라의 최종 목표는 '엄마가 되어서 그 궁극적인 모성으로 세계를 통치하는 것'이라고 분석했다. 세라는 소녀지만 엄마이기도 하다. 《프리큐어》 시리즈에도 소녀들이 아기처럼 작은 요정을 돌보는 마더링mothering(엄마가 자녀를 보살피는 일) 요소가 종종 담기고는 한다. 소녀성과 모성을 겸비한 여주인공이라고 하면 미야자키 하야오 감독의 작품을 열거하지 않을 수 없다. 하지만 요코하마 국립대학의 스가와 아키코 교수는 미국과 유럽의 마법소녀 드라마나 애니메이션에서는 이런 여주인공 상은 거의 존재하지 않는다고 말한다. 소녀성과 모성을 겸비한 일본의 독자적인 미소녀 캐릭터는 귀엽고 순진무구한 아이 같은 모습, 그리고 아이를 자애로 감싸는 일본적인 어머니상이 융합된 모습일 것이다. 이것은 모자 밀착의 최종적인 형태라고 할 수 있다.

대부분의 여자아이는 '핑크의 세계(=엄마와 자식의 달달한 밀착 관계)'에 흠뻑 빠져들었다가 7~8세가 되면 동성 친구들과의 동등한 유대를 중요시하게 되면서 여아용 애니메이션을 졸업한다. 이 연령대의 여자아이에게 핑크색을 권하면 싫어하는 경우도 많다. 그런데 남자아이의 경우는 다양한 연구가 증명하고 있는 것처럼 4세가 된 시점에서 핑크의 세계에 강한 거부 반응을 나타낸다. 어린 남자아이들은 대부분 핑크를 가장 싫어하는 색으로 손꼽는다. 성 정체성을 확립하는 데 한창인 유아는 그레이존*을 용서하지 않기 때문이다. 핑크가 여자의 색이라면 남자인 자신은 그것을 피해야만 한다고 생각하는 것이다. '프리큐어보다 닌닌자**가 강해!', '여자아이는 귀엽고, 남자아이는 멋있어야지!' 어린 아이들도 아이 나름대로 남자가 여자보다 강하고 잘났다는 사회분위기를 민감하게 느끼고 있다. 핑크색의 귀여운 세계와의 연계를 강제적으로

* 어느 영역에 속하는지 불분명한 부분(집단 · 지역)을 지칭
** 2015~2016년에 방송된 변신 히어로물

끊어버린 그들은 '귀여움'을 동성끼리 계속해서 경쟁하는 여자아이들과는 대조적으로 귀여움에 대한 평가기준이 유아 수준에 머물러 있게 된다.

일본은 취업뿐 아니라 지역에서의 정책 방침 결정 과정에서 여성 참가 비율도 낮은 나라다. 여성 의원이 전무한 지방자치단체가 19퍼센트를 넘을 정도다(2015년 '마이니치신문' 전국 자치단체 의회 설문조사 참조). 그런데 최근의 지역 활성화 정책이라고 하면 앳된 모습을 한 '유루 캬라*', 핑크나 파스텔색의 '모에 캬라'를 사용하는 경우가 적지 않다. 결정권을 쥐는 곳에 여성이 적은 지방일수록 늠름함이나 거친 매력 등 종래의 남성성보다 귀여운 여아의 센스가 인기를 끄는 현상이 한편으로는 기묘하게 보이기도 한다. 하지만 현재 사회에서 주도권을 가지고 있는 것이 여성의 전업주부화가 진행되었던 고도성장기 이후에 양육된 남성이라는 사실에 비추어보면 이상할 것도 없다. 엄마와 자식의 세계에 애착을 가지고 있는 50대 이하의 남성들이

* 유루이 마스코트 캐릭터의 줄임말이다. '유루이'는 느슨하다는 뜻으로 '유루캬라'란 왠지 허술해 보이고 다가가기 쉬운 귀여운 캐릭터를 말한다.

PINK

사랑스러움이나 친근감을 표현하려고 하면, 여아의 세계에 아주 가까이 다가가게 될 것이다.

이렇게 보면 서두에서 언급했던 가고시마 현 지사의 '여성에게는 식물 이름을 가르치는 것이 장래에 더 유익하다'는 발언이 '여자는 영원히 엄마와 자식 세계의 주민으로 있었으면 좋겠다'는 바람처럼 들리기도 한다. 보육사 부족이 문제가 되는 가운데 변함없이 낮은 임금이 개선되지 않는 것도 여성에게 기능보다 모성적인 헌신을 요구하고 있기 때문인지도 모른다. 이러한 가치관을 내면화하면서 자라는 한, 여자아이는 핑크칼라의 굴레에서 벗어나기 어려울 것이다.

'프린세스'는 '커리어'가 아니다

그러면 핑크를 사랑하는 여자아이가 핑크칼라의 함정에 빠지지 않고 자신의 능력을 키우면서 살아가려면 어떻게 해야 할까?

'애비 카다비'라는 핑크색 요정 이름을 들어본 사람도

있을 것이다. 이것은 미국의 유아 방송 〈쎄서미 스트리트〉가 여자아이들 사이에서 핑크 프린세스 붐이 고조되는 것을 보고 2006년에 새롭게 투입한 캐릭터다. 그녀는 마법 연습을 좋아하며 그녀의 애완용 개구리 이름은 '프린스'다. 애비는 귀여운 드레스를 입는 것과 머리를 양 갈래로 묶는 것, 그리고 여자 친구들과 사이좋게 지내는 것을 좋아하는데 자신이 여자아이라는 사실을 즐기고 있다는 설정이 현대의 소녀들의 모습을 그대로 반영하고 있다. 그녀는 물론 프린세스가 되기를 꿈꾼다.

2012년에 애비가 혼자서 호스트로 나섰던 〈쎄서미 스트리트〉의 어느 회에 소니아 소토마요르가 '커리어'라는 단어의 의미를 가르쳐주기 위해 게스트로 출연했다. 그녀는 라틴계 여성으로는 처음으로 미국 최고재판관이 된 인물이다. 소니아는 커리어에 대해서 "그것을 하기 위해서 긴 시간을 투자해서 훈련을 받고, 준비하고, 계획을 세우는 일을 말합니다"라고 설명했다. 그 말을 들은 애비는 "내가 꿈꾸는 커리어는 프린세스예요!"라면서 공주로 변신해 보인다. 하지만 소니아는 "프린세스 놀이는 재미있죠. 하지만 프린세스는 커리어가 아닙니다"라고 이야기했다. "그럼 저 같은 여자아이는 어떤 커리어를 가질 수 있어요?"라고 묻는 애비에게 소니아는 이렇게 대답했다.

"학교에 가서 훈련을 받으면 선생님, 변호사, 의사, 엔지니어, 과학자 등 뭐든지 될 수 있어요."

"공부해서 돈 잘 버는 일을 하세요." 옛날부터 텔레비전 드라마 속에서 실컷 바보취급을 받아온 고지식하고 따분한 어른들의 말이다. 하지만 핑크색 당의를 입고 저임금에 불안정한 일을 하면서 고생하는 여성들을 질릴 정도로 봐온 사람 입장에서는 어린 여자아이에게 타이르듯이 이런 말을 해주는 것이 상당히 급진적으로 느껴진다. "그것을 하기 위해서 긴 시간을 투자해서 훈련을 하고, 준비하고, 계획을 세워야 하는 일을 목표로 하세요." 내가 어렸을 때 이렇게 말해주는 어른이 있었으면 얼마나 좋았을까? 아니, 남의 탓만 할 것이 아니라 이제는 스스로 이런 메시지를 이루는 어른이 되어야만 할 것이다.

'가구야 공주'를 지키기 위해 할 수 있는 일

2013년에 개봉한 지브리 영화 〈가구야 공주 이야기〉가 떠오른다. 변변치 않은 옷을 입고 흙투성이가 되면서 야산을 뛰어다니는 소녀 시절의 가구야 공주는 노인에게 선물 받은 핑크색 옷을 보고 눈을 반짝인다. 핑크색 옷을 입은 그녀는 신이 나서 온 집안을 뛰어다닌다. 핑크색 옷, 그리고 커다란 저택에 두근거리는 가구야 공주의 기분은 현대를 살아가는 많은 여자아이들이 그러한 것처럼 순수한 것이었음이 분명하다. 하지만 그때부터 시작된 것은 자아를 죽이고 객체가 될 것을 강요받은 가구야 공주의 분노와 절망에 대한 묘사였다. 그녀는 핑크색이나 프린세스를 동경하는 사이에 어느새 갑갑한 '여자'의 영역에 갇히고 만 것이다. 거기서 벗어나기를 원하면서 세상과 충돌하던 가구야 공주는 언제부턴가 자아를 놓고 자신의 가치관을 세상과 동화시켜 버린다. 마지막까지 저항하지만 결국 모든 기억과 감정을 잃어버리고, 핑크색 옷을 입은 채 달로 돌아간 가구야 공주는 지금까지의 일본 여성들의 삶을 암시하고 있는 것처럼 보이기도 한다. 표정을 잃어버린 가구야 공주의 모습이 다른 사람 눈은 신경 쓰지 않는 듯 크게 하품을 하고 개구리 흉내를 내면서 개굴개굴 기어 다니던 천진난만한 어린 시절의 모습과 대조적이어서 더욱 애처롭게 느껴진다.

만약에 노인이 가구야 공주에게 준 것이 핑크색 옷과 커다란 저택이 아니라 '핑크색 목공 도구였다면 어땠을까?' 혹은 '자유롭게 어플리케이션을 코딩할 수 있는 개발 환경이었다면 어땠을까?'

무수히 많은 어린 가구야 공주의 발랄한 자아를 지키기 위해서 노인의 입장에 있는 우리가 할 수 있는 일이 분명히 있을 것이다.

5

'뉴 핑크'와 '올드 핑크' 또는 '우치'와 '와따시'

핑크에 흠뻑 빠져 있던 여자아이는 7~8세 정도가 되면 갑자기 핑크의 세계를 졸업한다. 우리 첫째 아이도 예외는 아니었다. 초등학교 1학년 여름 무렵부터 하모니카, 장갑, 운동복 등 무엇을 사더라도 하늘색을 고르게 되었다. 그러고 보니 딸 친구들의 소지품도 하나같이 하늘색이다. 여자아이의 란도셀* 색깔도 옛날에는 빨간색 한 가지였지만, 최근에는 하늘색 란도셀도 자주 눈에 띈다.

"자전거를 바꾼다면 핑크색이랑 하늘색 중에 어떤 색이 좋아?"

"당연히 하늘색이지!"

"핑크색이랑 하얀색 중에서는?"

"하얀색!"

"그럼 핑크색이랑 갈색은?"

"핑크……. 근데 갈색은 말도 안 되잖아."

이제 핑크는 갈색보다 조금 나은 취급을 받는 정도다. 일본 색채 연구소가 2009년에 초등학생을 대상으로 실시한 '좋아하는 색깔' 설문조사에 따르면 초등학교 2학년 여

* 등에 매는 초등학생용 가방

PINK

자아이의 무려 40퍼센트 이상이 '가장 좋아하는 색깔'로 '하늘색'을 뽑았다. 이것은 우리 딸만의 현상이 아닌 것이다. 유치원 시절에 그렇게 집착하던 핑크색은 14퍼센트로 7위에 머물렀다. 그리고 초등학교 2학년 여자아이의 19퍼센트가 '가장 싫어하는 색깔'로 핑크색을 선택했다.

조사를 실시한 일본 색채 연구소는 '초등학교 저학년 여자아이는 핑크를 귀엽고, 아기 같고, 여자아이 같은 색이라고 느끼고 있으며 그것보다 예쁘고 세련되고 산뜻한 느낌을 주는 하늘색이 바람직하다고 생각하기 때문일 것'이라고 추측하고 있다. 인터넷의 질문 코너에도 이런 질문을 한 사람들이 여러 명 있었는데, 그 대답을 종합해 봤더니 '핑크는 아기 같은 색, 하늘색은 언니의 색'이라는 것이 초등학교 저학년 여자아이들의 공통적인 인식인 것 같았다. 딸에게 물어봤더니 "핑크는 꼬마 같고, 하늘색은 건강한 여자아이 같은 느낌"이라고 대답했다. 초등학교에 올라가면 아이들은 친구들과의 관계를 중요하게 생각하기 시작해서 휴일에도 부모님과 외출하는 것보다 친구들과 놀러가는 것을 우선시하게 된다. 급격한 핑크로부터의 이탈은 엄마에게 보호받는 '엄마와 자식의 세계(=핑크)'를 졸업하고 친구와 대등하게 논쟁할 수 있는 현명하고 똑똑하며 활력이 넘치는 여자아이가 되려는 독립심의 발현인지도 모른다. 이 나이대의 아이들에게 가장 인기 있는 캐릭터는 하늘색의 '시나모롤'이다. 2002년에 탄생한 이 캐릭터는 산리오의 디자이너인 오쿠무라 미유키 씨가 자신도 초등학교 시절에 핑크색에서 벗어난 시기가 있었다는 사실을 떠올리고, 그 시기의 소녀들을 위해서 하늘색 캐릭터를 디자인했다고 한다.

흥미롭게도 소녀들은 고등학생이 되면 다시 한 번 핑크로 회귀한다. 같은 조사에 따르면 초등학교 5 · 6학년 여자아이는 하늘색에 이어 핑크색을 '가장 좋아하는 색'으로 뽑았다(27퍼센트). 여자 초등학생들에게 인기 있는 패션지인 《니코☆푸치》를 들여다보니 모델들은 핑크를 전면에 내세우는 것은 피하면서도 헤어 · 액세서리나 구두 등에 포인트로 핑크를 사용하고 있다. 고등학생이 되어서 색 매치에 대한 센스가 어느 정도 생기면, 한때 피했던 핑크의 멋스러운 활용방법을 익히고 자신에게 어울리는 색상을 모색하는 귀여운 걸음마가 시작되는 건지도 모르겠다.

전문대학 진학을 희망하는 고등학생을 대상으로 실시한 비슷한 설문조사에서는 핑크가 여자아이들이 좋아하는 색에서 1위, 싫어하는 색에서 2위를 기록했다(《고교생 백서》, 2007년 8월 조사). 성인 여성도 이와 비슷한 경향이 있기 때문에 '일본 여성은 어른이 되어도 핑크를 좋아한다'는 이미지를 만드는 데 일조하고 있다. 하지만 중학생 이후로 여자들이 좋아하는 색깔은 제각각 달라지기 때문에 1위라고 해도 그 비율은 기껏해야 20퍼센트 전후이다. 그리고 핑크는 반드시 싫어하는 색깔 상위권을 차지하는 색이기도 하다. 더욱 흥미로운 것은 40대 이상 여성은 연령이 올라갈수록 핑크에 대한 선호도가 약해지는데, 이와 동시에 싫어하는 색 상위에서도 핑크가 사라진다.

핑크란 이처럼 여성들에게 있어서 까다로운 색이다.

나는 핑크를 거부한다

특촬 드라마를 좋아하는 20대 여성이 주인공인 만화 〈특촬 가가가〉의 제41화 '핑크 괴인의 악'은 이런 까다로움에 대해서 논하고 있다.

주인공인 나카무라 가노는 별다른 악의 없이 '여자다운 것'을 강요하는 소녀 취향의 엄마에게 특촬 드라마를 금지 당했기 때문에 어른이 되어서도 자신이 특촬 오타쿠라는 사실을 숨기고 사는 회사원이다. 동료에게 들킬 뻔한 순간에는 '잘생긴 주인공 때문에 특촬물을 보는 것뿐'이라고 여자들이 댈만한 전형적인 핑계를 대면서까지 취미를 숨기려고 한다.

여자다운 것을 싫어하는 가노는 자신이 '심각한 핑크 알레르기'라는 사실을 인정한다. 그런 그녀에게 동료들은 "도대체 왜요? 일단 입어보면 달라질 걸요?", "잘 안 어울린다는 선입견을 가지면 안 돼요!" 하면서 핑크색의 하늘하늘한 쉬폰 블라우스를 강요한다. 가노는 마지못해 핑크색 블라우스를 입지만, 온몸에 핑크를 두르고 공주 같은 복장을 한 어린 소녀가 "난 핑크가 너무 좋아요! 핑크색 귀엽죠?"라고 동의를 구하자 '핑크 수용력'이 한계치에 달해서 "핑크를 싫어하는데, 귀엽다고 말하기 싫어"라고 대답하는 바람에 아이를 울리고 만다.

그녀는 '여자다운 것을 강요하는 엄마에게서 벗어나도

핑크는 어디든 쫓아다닌다'고 중얼거린다. 가노는 핑크를 싫어한다고 말해도 "네가 이상한 거야"라는 말로 정리되고, 당연한 듯이 "역시 여자아이는 핑크를 좋아하지!"라는 결론이 내려지는 세상에 애가 탄다. 하지만 가노는 특촬물에 꼭 등장하는 핑크색 여성 캐릭터를 떠올리고 자신이 핑크 자체를 싫어하는 것은 아니라는 사실을 깨닫는다. 그녀가 정말로 싫어했던 것은 '핑크는 귀엽다'라고 입 밖으로 내뱉는 순간 "핑크색 옷을 입고 싶지?", "역시 여자들은 핑크색을 좋아해"라면서 핑크를 강요하는 것이었다. "나는 강요를 당했기 때문에 여자다운 것 자체에 적의를 가지고 있었어요." 결국 그녀는 자신에게 핑크가 안 어울려서 솔직하게 칭찬하지 못했다며 어린 소녀에게 사과를 한다.

나도 결혼하기 전에 가노와 비슷한 경험을 한 적이 있다. 회사 동료들은 반짝반짝 눈부신 것을 좋아하는 여성들이 많았던 반면, 나는 보호색으로 몸을 감싸고 가능한 자연과 동화되어서 살고 싶어 하는 스타일이었다. 어느 날 같은 팀 동료들이 내 생일파티를 해주었다. 동료들이 준비한 선물은 눈이 번쩍 뜨일 만큼 화려한 푸른빛이 도는 핑크색 탱크톱이었다. 그 옷은 피치 핑크나 베이비 핑크처럼 도망갈 구석이 없는 완전한 핑크였다. 게다가 어깨에는 핑크색 리본까지 달려 있었다. "맨날 평범한 옷만 입지 말고, 가끔은 귀여운 옷도 좀 입어 봐요." 어린 시절 억지로 핑크레이디 의상을 입었던 때처럼 무리라고 생각하면서도 레스토랑 화장실에서 옷을 갈아입고 나왔다. 그러자 마치 성인이 되는 의식으로 번지점프를 뛰고 온 사람이라도 된 것처럼 축하 박수를 받았다. 핑크가 유치함의 증거가 아니라 여성성을 받아들인 훈장인 것처럼 말이다.

그 후로 때때로 핑크색 옷을 사보았다. 원하는 휴대폰 기종이 샤이니 핑크밖에 안 남아 있었을 때도 "그냥 그걸로 주세요"라고 대답했고, 핑크색 휴대폰에 익숙해지려고 노력했다. 하지만 아무리 시간이 지나도 익숙해질 수가 없었다. 샤이니 핑크는 내가 좋아하는 휴대폰 고리(달마 인형)와 전혀 어울리지 않았다. 핑크색 옷은 하나같이 서랍 안에 처박힌 채로 무채색 옷에 파묻혔다. 애초에 나는 왜 이런 노력을 하려고 한 걸까? 황록색이나 오렌지색을 싫어한다고 해서 이런 고생을 하는 사람은 없을 텐데 말이다.

올드 핑크 현상

이처럼 '여자들은 역시 핑크를 좋아해!'라는 고정관념을 강요하는 것을 '올드 핑크'라고 부르는 움직임이 2013년 무렵에 트위터를 이용하는 여성들을 중심으로 갑자기 번져나갔다. 미국의 여성해방운동이 일어난 지 반세기의 세월이 흐른 후에 드디어 일본에서도 핑크 사상에 대한 반격의 불길이 번지기 시작한 것이다. '올드 핑크'라는 단어는 블로거인 우노 유카 씨가 2013년 8월에 트위터에 쓴 다음 글에서 탄생했다.

> '올드 핑크 현상'이란 결코 '핑크=올드하다'는 의미가 아니라 '여성은 모두 핑크를 좋아한다', '여성은 귀여운 것을 좋아한다', '여성은 연애요소가 들어간 것을 좋아한다'는 인식이 안타까운 결과로 이어지는 현상을 말합니다.

올드 핑크의 예로 단상에 오른 것은 여성 독자들을 겨냥해서 파스텔 핑크 진열대에 연애 소설을 늘어놓은 출판사의 판촉 포스터, 핑크로 가득한 생리 예측 어플리케이션의 인터페이스, 여성을 타깃으로 한 스마트폰 등이 있다. 핑크 외에 공통적인 특징은 동글동글한 폰트, 하트 마크, 레이스 무늬, 꽃무늬 사용, 외래어가 아닌 단어를 가타카나로 쓰는 것*, '매우 편리함', '해보길' 등으로 문장을 끝내는 것을 포함한 친근감 있는 어미, 부드럽고 폭신해 보이는 젊은 여성을 그린 일러스트 등일 것이다. 특징을 열거하면 '맞아, 맞아' 하고 공감이 가는데, 올드 핑크라는 말을 모르는 사람들은 여성을 상대로 한 흔한 캠페인 중에 하나라고 그냥 지나칠지도 모르겠다.

사내 디자이너로 일하는 어떤 여성은 하얀색 배경에 고딕 계열의 서체를 사용한 심플한 디자인을 회사에 제출했는데 "젊은 여성을 겨냥한 건데, 이렇게 하면 안 되지!"라고 남성 상사에게 한소리 듣는 바람에 옅은 크림색 바

* 원래 가타카나는 영어 등의 외래어를 표기할 때 사용하는 것이 원칙이지만, 글자의 형태가 귀엽고 눈에 띄기 때문에 특정 단어를 강조할 때 사용하는 경우도 있다. 그 디자인적인 요소 때문에 여성들을 겨냥한 마케팅에 자주 쓰인다.

탕에 무늬를 넣고 통통 튀는 서체로 디자인을 변경해야 했다는 자신의 경험담을 소개했다.

하지만 남성만이 올드 핑크의 전범이라고 한정할 수는 없다. 올드 핑크의 특징을 구사해서 패러디 전단지를 만든 여성은 이런 디자인을 어이없게 생각하면서도 "막상 내가 여성을 타깃으로 상품을 만든다면 틀림없이 이 올드 핑크를 채택할 거라는 사실을 깨닫고, 올드 핑크의 어둠을 느꼈다"는 코멘트를 남겼다.

지금까지 살펴본 것처럼 여성해방운동 시대부터 '올드 핑크'에 대한 미국과 유럽 여성의 기피감정은 예사롭지 않다. 2009년에 컴퓨터 제조회사인 델Dell사가 여성 유저를 모으기 위해서 개설한 웹사이트 '델라'가 악플에 시달린 사건이 서양 여성들의 감정을 대변해준 것이라고 할 수 있다. '델'은 핑크와 빨강, 보라를 포함한 컬러풀한 노트북 'Inspiron Mini 10 Notebook'을 여성들에게 판매하기 위해서 여성용 사이트 '델라'를 오픈했다. 핑크 톤의 로고에 젊은 여성들이 다양한 곳(해변 등)에서 노트북을 사용하는 사진이 가득한 세련된 디자인이었다. 여기까지는 좋았을지도 모른다. 하지만 노트북을 활용하기 위한 기술적인 팁Tech Tips으로 들고 있는 예가 칼로리 계산이나 요리 레시피 검색, 명상 가이드 등 여성에 대한 고정관념 그 자체였다. 결정적이었던 것이 "이 노트북은 귀엽기만 한 것이 아닙니다. 사용하게 되면 이메일 체크 이상의 것을 할 수 있다는 사실을 깨달을 것입니다"라는 광고 문구였다. 영어권 여성들은 바보 취급을 하는 거냐며 즉각 반발했다.

이와 같은 비판을 받고 델사는 신속하게 내용과 사이트 이름을 변경했다. 유럽과 미국 여성을 상대로 마케팅을 하려면 핑크와 '여자를 아이 취급하는 것' 세트는 금기라고 간주해야 할 것이다.

이과에 진학한 여고생을 겨냥한 PR 사이트라고 하면 일본에서도 핑크에 반짝반짝 빛나는 여자다움을 어필하는 것이 보통인데, 이런 접근법도 당사자인 이과 소녀들에게 반감을 사고 말았다. 뉴욕타임지가 2014년에 모집한 10대의 자기주장 콘테스트에서 2등으로 뽑힌 여고생의 에세이는 이과 여자아이들을 겨냥하면서 여성성을 지나치게 강조한 광고 전략을 비판한 것이었다. "내가 도시공학을 통한 국가 인프라 재구축에 흥미를 가지고 있는 것이 반짝반짝 핑크 요소가 있기 때문이라고 생각하는 건가요? 기술직에 여성을 끌어들이는 데 정말로 필요한 일은 여성의 능력이 남성과 동등하다고 간주하는 것입니다." 파스텔 색 레고는 여자아이들에게 인기가 있지만, 한번 여자아이 문화를 졸업하고 나면 10대 소녀조차도 안이하게 핑크를 사용하는 것에 대해서는 엄격하다.

여성에게 제품을 판매하고 싶다면 '핑크 발상(핑크 싱크)'을 그만둬야 한다고 주장하는 《Don't Think Pink》(리사 존슨 · 안드레아 레너드 저, 2004)라는 제목의 마케팅 서적도 있다(일본에서는 《여성에게 선택받는 마케팅의 법칙》이라는 이름으로 2005년에 번역되었다). 이 책에 따르면 핑크 발상이란 여성용 제품에 핑크나 파스텔 색, 꽃무늬를 넣거나 통상적인 제품을 여성용으로 만들 때 무게를 줄이는 등의 전형적인 방법을 사용하는 것을 가리킨다. 1950년대에 핑크색 제품과 함께 '여성은 남성을 돋보이게 하기 위해서 어리숙하고 섹시해야 한다. 결혼하면 가정의 일만을 생각하면 된다'는 메시지를 주입 당했던 트라우마는 꽤나 뿌리가 깊은 듯하다.

서양에 비하면 일본여성은 별다른 반발 없이 '여자=

핑크'라는 도식을 받아들이고 있는 것처럼 보인다. 삼성전자는 2014년에 스마트폰 '갤럭시 S5'를 발매하면서 일본시장에만 한정 컬러인 '스위트 핑크'와 '샴페인 핑크'를 출시했다. 삼성 측은 그 이유로 일본인의 헬로키티와 벚꽃에 대한 애착, 그리고 일본 여성이 핑크 패션을 선호한다는 점을 들었다. 실제로 일본인을 대상으로 한 설문조사에서 여성은 하얀색, 검정색 다음으로 핑크색을 고르는 사람이 많았다고 한다.

확실히 핑크에 취향 차이가 있다고는 해도 지금까지 일본 여성들은 대체적으로 핑크에 순종적이었다. 핑크를 선호하지 않는 사람조차도 여성성을 받아들이지 않는 자신이 잘못된 것이라고 스스로를 자책하고, 핑크를 강요하는 것에 대해 단결해서 반대의 목소리를 높이는 일은 없었다. 여성해방운동이 침투하지 않았던 대신에 일본 여성들은 핑크의 여성성을 스스로 입음으로써 사회진출을 달성한 것이다. 서점에 가서 여성 독자를 타깃으로 한 자기계발서 코너를 들여다보면, 핑크가 현대 여성들 사이에서 어떤 위치를 차지하고 있는지를 알 수 있다. 그곳은 결코 남성들이 접근하지 않는 핑크색 표지들이 북적이는 비밀의 화원이다. 눈에 띄는 대로 잘 팔리는 핑크 표지의 책 제목을 열거해 보겠다. 《사랑 받으면서 일도 연애도 성공하는 방법–건강하고 해피한 사람의 38가지 삶의 방식》, 《귀여운 채로 연 수입 1,000만 엔》, 《세계 제일! 사랑 받고 행복해지는 마법의 프린세스 레슨》, 《여자는 '감정'을 컨트롤하지 않는 편이 사랑 받는다》, 《귀여운 폭군이 되면 사랑도 돈도 마음대로!》, 《한순간에 선택받는 여자가 된다! 마법의 몸짓》, 《돈에게 사랑받는 해피 · 리치한 프린세스 룰》. '인기', '사랑 받기', '귀여움', '선택 받다' 모두 객체로서의 여성성을 연기함으로써 이익을 얻으려는 적나라한 욕망에 가득 차 있다. 1950년대 미국의 핑크 입문서와 비슷한 것 같지만 현대 여성들의 목표는 유복한 가정주부가 되는 것이 아니다. 남자 사회에서 사랑 받아서 비즈니스로 성공하는 것도 핑크를 몸에 감는 중요한 동기가 되고 있는 것이다. 21세기에 들어서서 등장한 '여자력女子力'이라는 단어는 노력을 거듭해서 객체로서의 여자를 연기함으로써 주체로서의 '힘'을 지향하는(어떤 의미에서는 거꾸로 된) 현대 여성들의 사고방식을 나타내고 있다. 객체로 있으라는 남성들로부터의 기대, 자아를 버리고 객체를 가장하고 성숙하라는 여성들의 동조압력 속에서는 핑크에 저항하기가 어렵다. 세상의 압력에 저항해서 상처투성이가 될 바에야 젊을 때 즐겁게 패션과 미용, 연애에 전념할 수 있는 핑크칼라 일을 하다가 몇 년 후에 결혼해서 핑크색 '엄마와 자식의 세계'에 파묻히는 편이 차라리 속이 편할 것 같아 보인다. 남성에게 뒤지지 않는 소득을 얻을 수 있는 능력이 있고, 엄마와 자식의 세계에 파묻히고 싶지 않은 여성은 싸우는 대신에 스스로를 '패배자'라고 자학함으로써 비난으로부터 자신을 지키려고 한다.

하지만 이제 와서 평범한 일본여성들이 핑크를 강요받는 것에 대해서 비판의 목소리를 내게 된 것과 그 무대가 주로 트위터라는 사실이 흥미롭다. 우리는 트위터를 통해서 먼 세상과 연결될 수 있지만, 정작 자신을 둘러싼 세계로부터는 동떨어져 있게 된다. 세상 사람들의 시선에 묶여 있는 일본인(특히 여성)에게 세상으로부터 추방당할 걱정 없이 발언할 수 있는 장소가 탄생한 덕분에 드디어 자기주장이 가능해졌는지도 모른다. 또한 여성에게도 다양한 직업을 가질 수 있는 길이 열리고, 소득이 늘어나고 결혼 연령이 높아짐에 따라서 미용이나 가사 외의 취미를 가지게 된 것도 영향을 주었을 것이다. 21세기 이후 보호 대상 혹은 성적 대상으로서의 '여자아이'도 아니고 가정에 헌신하는 '주부'도 아닌 주체적으로 사는 '여자'가 대량 생산된 것이다. 그녀들은 세상이 생각하는 '여자'의 좁은 틀 안에 갇혀 있지 않다는 점에서 아직까지 소수이기는 하지만, 인터넷으로 이어질 정도로는 보편화되고 있다. 동료들과 소중한 자신의 세계를 공유함으로써 용기를 얻은 여성들은 겉으로는 숨기고 있어도 더 이상 자아를 버릴 수가 없다.

〈특촬 가가가〉의 가노는 그야말로 그런 현대 여성 중 한 명이다. 가노는 26세로 1980~90년대였다면 결혼에 대한 압박을 느낄 연령이지만, 그녀는 전혀 그런 것 같지 않다. 가노가 신경을 쓰고 있는 것은 주위에 '여자답지 않은' 취미를 들키는 일이다. 또 한 명의 특촬 오타쿠 여성인 요시다는 그녀보다 조금 연상으로 또래 친구들이 하나둘씩 결혼과 육아를 하는 것을 보고 한때 취미를 버리려고 했지만, 가노의 등장으로 마음을 바꾼다. 그녀들은 소중한 취미를 지키기 위해서 핑크가 표상하는 '여자'의 좁은 틀에서 빠져 나올 것을 선택했기 때문에 세상의 눈을 피해 숨죽여 살고 있다. '엄마와 지식의 세계'에서 도망친 여성은 필연적으로 남성사회의 주인이 되지만, 남성 사회에서 사는 여성들은 더욱 더 '핑크'를 가장하고 적응해야만 한다(여성 정치가들이 그런 것처럼 말이다). '여자아이다워질 것을 강요하는 엄마한테서 벗어나도, 핑크는 어디를 가더라도 따라다닌다'는 독백은 그 딜레마를 표현하고 있다.

앞장에서 살펴본 것처럼 모성, 에로, 젊음, 그리고 헌신 등 일본에서 핑크는 의미가 몇 중으로 겹쳐 있다. 이것을 한마디로 정리하면 '객체로 있으라'는 요구다. 엄마와 자식의 달달한 세계에 빠져서 자란 사람일수록 이런 기대에 응하지 않는 여성에 대한 혐오 감정을 드러낸다. '여자'라는 단어를 싫어하는 사람이 아직도 많다. 이미 자기 세계를 가지고 있는 여성에게 핑크는 억압의 상징이기도 하다. 그런 종류의 기대가 옅어지는 중년기 이후에 핑크에 대한 애증이 엷어지는 것도 어쩌면 당연한 일인지 모른다.

주체로서의 1인칭, '우치'

그렇다면 핑크를 진심으로 '좋아하는' 여자다운 여자는 어떨까? 그녀들은 자신을 돋보이게 해주는 색인 핑크에 대해서 매일같이 고찰하는 일종의 미학자다. 일반 여성들이 얼마나 핑크 색조에 구애되는지는 화장품 판매장의 치크 코너를 보면 한눈에 알 수 있다. 파리 로즈, 체리 핑크, 살구, 피치, 피치 레드, 내추럴 핑크, 클리어 핑크, 코랄 핑크, 푸크시아 핑크, 연보라, 핑크 베이지, 살몬 핑크, 쉬머 핑크 등 셀 수 없을 만큼의 핑크색 이름이 춤을 춘다. 네일 폴리시와 립스틱도 마찬가지다. 핑크이기만 하면 좋다는 핑크 프린세스 시기를 졸업하고, 다시 한 번 핑크로 회귀한 그녀들은 매일같이 여성 패션지나 화장품 판매장의 카운터에서 어떤 핑크가 마음에 들고, 어떤 핑크가 자신의 얼굴색과 캐릭터를 돋보이게 해줄지를 고르고 또 고르는 것이다. 이처럼 예술이나 문화에 대한 소양을 갖춘 전문가(물론 거기에는 남성도 상당수 포함되어 있다)의 작품을 일상적으로 접하고 있는 그녀들은 무의식중에 심미안을 갈고 닦는다.

앞에서 여성의 망막에는 색과 질감을 감지하는 P세포가 많이 분포한다고 언급한 적이 있다. 그런 그녀들에게 "여자라면 핑크지!" 하면서 대충 아무 핑크색이나 던져주는 것은 테크노 음악을 좋아하는 사람에게 "대충 따따따 따따따따 하면 되는 거잖아" 하면서 J-POP 트랜스 메들리 앨범을 들려주는 것이나 마찬가지다. 그녀들은 '여자는 객체로 있으라'는 가치관을 내면화하고 있는지도 모르지만, 객체로서의 우수성을 동성끼리 경쟁하는 과정에서 역설적으로 주체로서의 자아를 듬직하게 기르고 있는 것이다. 그녀들은 핑크를 두르고는 있어도 모든 것을 수용하는 엄마처럼 순수한 존재는 아니다.

이렇게 이야기하면 '주체라든지 객체라든지 하는 것은 일부 특수한 페미니스트들이나 하는 말 아닌가?' 하고 의아하게 생각할지도 모른다. 그래서 요즘 젊은 여성들이 사용하는 1인칭인 '우치うち(나)*'에 주목해보려고 한다. 최근에는 간사이 지방 사람도 아닌 젊은 여성들이 1인칭으로 '우치'를 자주 사용한다. 이 현상이 알려진 지도 꽤 되

* 우치うち는 일본 간사이關西 지방 사람들이 자신을 나타낼 때 사용하는 1인칭으로 '나'에 해당한다.

었다. 위로는 20세 전후의 아가씨부터 아래로는 유치원생까지 자신을 '우치'라고 표현한다. 2004년 실시한 요미우리신문의 조사에 따르면 애니메이션 〈꼬마 마법사 레미〉의 등장인물이 자신을 지칭하던 1인칭을 당시 유치원생들이 흉내 내면서 전국적으로 퍼졌다고 한다. 많은 사람들에게 알려진 만큼 우리 첫째 딸의 학교에서도 여자아이의 1인칭은 하나같이 '우치'라고 한다. 신기하게 생각한 나는 다음과 같이 물어본 적이 있다.

"왜 '와따시(나)'라고 안 해?"

"'와따시'는 부끄러워! 우치(나)한테 안 어울려."

"왜 '와따시'가 부끄러운데?"

"'와따시'는……. '여성'이라는 느낌이 들거든."

"'우치'는 '여성'이 아니야?"

"'우치'는 '건강한 여자아이' 같은 느낌이야. 그렇잖아. 우치 엄청 힘이 넘치지?(승리의 포즈)"

소녀들이 1인칭 '와따시'에 위화감을 느끼고 특이한 1인칭을 쓰는 현상이 최근 들어 새롭게 시작된 것은 아니다. 1980년대의 지식인 여성들 사이에서 1인칭 '보쿠僕(나)*'가 유행한 적이 있다. 1991년에 간행된 소설 《보쿠가(내가) 가구야 공주》(마쓰무라 에이코, 1991년)에는 당시의 1인칭 '보쿠'에 대한 여고생들의 거부감이 자세히 묘사되어 있다. 명문 여고의 문예부원인 주인공들은 소설을 지나치게 탐독하고 그대로 받아들인 나머지 순진무구한 여주인공 상이야말로 여성의 바람직한 모습이라는 가치관을 내면화해버린다. 그녀들이 자신을 '보쿠'라고 칭하는 이유는 순진무구한 여성상과 자아를 가진 자신을 제대로 연결 짓지 못하기 때문이다.

그런데 '우치'를 자청하는 소녀들은 지식인도 아니고 '페미니스트'도 아닌 평범하고 명랑한 소녀들이다. 이것은 아마도 1992년에 독립된 인격을 가진 여러 명의 여자아이들이 악에 맞서 싸우는 여아용 애니메이션 〈미소녀 전사 세일러 문〉의 텔레비전 방송이 시작된 것과 관련이 있지 않을까 싶다. 세일러 문과 마찬가지로 여러 명의 여자아이들이 싸우는 〈프리큐어〉 시리즈는 현재도 계속되고 있다. 여자아이들에게도 각각의 인격이 있고, 여자아이들도 주체가 될 수 있다는 사실은 유소년기부터 이런

* 보쿠僕는 자신을 지칭하는 1인칭으로 주로 남성들이 사용한다.

애니메이션에 익숙해져 있던 젊은 여성들에게는 너무나도 자명한 사실이다. 소녀성과 모성의 핑크색 당의를 뒤집어쓰고 있어도 〈미소녀전사 세일러 문〉 이후의 여주인공들은 불의에 맞서 싸우는 여성인 것이다. 순진무구한 여주인공으로 사랑받거나 그렇지 않으면 괴물취급 당하며 소외받을 수밖에 없었던 구세대의 소녀들이 할 만한 걱정은 하지 않는다.

그럼에도 그녀들은 여아 애니메이션을 졸업하고 나면 세상에 넘쳐나는 객체로서의 여성 이미지(올드 핑크)에 부딪히게 된다. 왜 애니메이션 속 '여성'은 모험 중에 욕조에 몸을 담그겠다고 남자들의 발목을 잡는 걸까? 왜 만화 속의 '여성'은 싫은 일을 당해도 몸만 베베 꼴 뿐 반격을 하려고 하지 않는 걸까? 왜 텔레비전에서 재미있는 발언을 하는 것은 언제나 남성이고 '여성'은 하이톤의 목소리로 웃기만 하는 걸까? 이런 위화감을 느낀 소녀들은 '건강한 여자아이'라는 주체로서의 셀프 이미지를 '우치'에 담아서 지키려고 하는 것 같다.

얼마 전에 이런 광고가 있었다. 몇 명의 남녀에게 "여자답게 뛰어 주세요", "여자답게 공 던지는 시늉을 해주세요"라고 지시를 하자, 남자들은 안짱다리를 하거나 "머리카락이……" 하면서 머리를 감싸 안거나 팔을 겨드랑이에 딱 붙이고 손을 흐느적거리는 등 약하고 우스꽝스러운 몸짓을 해보인다. 하지만 같은 지시를 실제 소녀들에게 내리자 그녀들은 힘차게 달리고 커다란 동작으로 던지는 흉내를 낸다. 마지막으로 "여자답게 달리는 게 어떤 거라고 생각했나요?"라고 물어보자 어린 소녀는 이렇게 대답한다. "가능한 빨리 달리는 거요."

이것은 2015년 슈퍼볼 중간광고로 방송된 미국 P&G의 생리용품 '올웨이즈'의 광고다. 세상에 넘치는 객체로서의 여성 이미지와 그것을 주입당하기 전의 '여자아이'의 건강한 셀프 이미지의 차이를 깨닫게 한다. 심리학자인 리처드 리파의 연구에 따르면 강인함, 자립심 등 남자답다고 여겨지는 자질을 갖추고 있다는 자각은 자존감을 높이지만, 여자답다고 여겨지는 자질에 대한 자각은 자존감을 그다지 높이지 못한다고 한다. 어려서부터 객체로서의 '여성' 이미지를 그대로 받아들이면서 자란 소녀들은 자신의 자존감을 깨부수지 않기 위해서 앞서 소개한 것처럼 독특한 1인칭을 사용하는 것 외에도 다양한 시행착오를 겪는다. 그 과정에서 주체로서의 여성성을 획득하고 '와따시'라고 자기를 지칭할 수 있게 되는 것이다.

'여자아이'도 아니고 '주부'도 아닌 여성의 무리를 가리키는 호칭 '여자'가 '성숙한 여성이 될 수 없는 유치함의 표현'이라는 식으로 안 좋게 받아들여지는 것 같다. 주체인 남성을 편안하게 하기 위해서 자아를 버리고 객체로서의 여성성(=올드 핑크)을 받아들이지 않으면, 이 세상에서 살아가기 어렵다는 사실은 지금도 변함이 없다. 하지만 그럼에도 불구하고 주체로서의 자신을 버리고 싶지 않은 여성들은 나날이 증가하고 있다.

THINK

성적 객관화로 인한 피해

2004년에 개봉한 미국 영화 〈퀸카로 살아남는 법*Mean Girls*〉은 동물학자인 부모님과 함께 아프리카 정글에서 성적 객관화와는 무관하게 자란 16세 소녀 케이디가 처음으로 학교생활을 하면서 올드 핑크에 둘러싸이게 되는 이야기다. 케이디는 전학 첫날 왜 고3 수준의 수학 수업을 수

강하냐고 묻는 반 친구에게 "수학을 좋아하거든. 만국 공통이잖아"라고 대답한다. 한편 바비인형 같은 학교의 여왕 레지나와 그녀를 호위하는 '플라스틱스'는 그런 그녀와는 대조적이다. 학교 체육 수업 시간에는 연약하게 흐늘거리면서 귀여움을 어필하고, 이야기하는 내용이라고는 연애와 미용, 패션이 아니면 동성 친구 험담뿐이다. 수요일에는 반드시 다 같이 핑크색 옷을 입는다. 그녀들은 케이디에게 남자친구가 생기거나 치마를 사면 꼭 자신들에게 보고하라면서 동조압력을 넣는다. 물론 수학 따위는 공부하지 않는다.

케이디는 처음에는 깜짝 놀라지만 좋아하는 남학생을 레지나에게 빼앗기면서 그녀 또한 핑크의 세계에 함락당하고 만다. 핑크색 섹시한 옷을 입게 되고, 겉으로는 방긋방긋 웃으면서 뒤에서는 뒷담화를 해서 친구를 무리에서 밀어낸다. 수학 수업 시간에는 킹카의 관심을 끌기 위해 일부러 나쁜 점수를 받고 킹카에게 가르쳐 달라고 한다. 수학은 뒷전으로 하고 여자력女子力을 높이기 위해 노력한 그녀는 낙제 직전까지 치닫지만, 대신에 학교의 여왕 후보에 오르게 된다. 하지만 여자들끼리 서로 발목을 잡고 늘어지는 것은 생각처럼 쉽지 않았다. 어느 날 케이디와 레지나를 포함해서 모든 여학생들이 크게 상처를 받는 사건이 일어난다.

이 사건으로 자신의 행동을 반성한 케이디는 핑크를 벗어 던지고 수학 공부에 힘써서 학교 대항 수학 콘테스트 팀의 일원으로 활약하며 우승한다. 동성을 밟고 올라서지 않아도 문제에 집중하기만 하면 되는 수학의 세계야말로 자신이 있을 곳이라는 사실을 다시 한 번 깨달은 케이디는 우승 상품인 점퍼를 입고 전교생 앞에서 연설을 한다. 한편 레지나는 자신의 공격성을 운동으로 풀어 건전함을 되찾는다.

이 영화의 메시지는 명백하다. 이 영화는 핑크로 상징되는 성적 객관화가 여성들을 얼마나 잘못되게 만드는가를 보여준다. 그녀들이 'Mean Girls(심술궂은 여자들)'가 되어가는 것은 객체로서의 여성성을 아무리 추구해도 자존감은 자라지 않기 때문이다. 그녀들은 항상 미디어의 여성상과 자신의 용모를 비교하면서 자기 자신에게 불만을 가지고, 잘나가는 남자와 연애를 함으로써 다른 여성을 위협하려고 하지만, 정작 남자친구에게는 쉽게 차이고 만다. 남성의 관심이라는 불안정한 것을 모으는 레이스에서 항상 우위에 서기 위해서 이성에게는 마음에도 없는 칭찬을 하고, 뒤에서는 몰래 동성친구를 헐뜯어서 함정에 빠트린다. 친구라고 인정한 동성에게는 동조압력을 넣지만 그 우정은 흔들리기 쉽다. '플라스틱스' 멤버 중 한 명은 누군가가 특기가 뭐냐고 물어도 좀처럼 대답하지 못한다. 다른 사람이 어떻게 생각할까만 신경 쓰고 자신이 좋아하는 것에 주체적으로 몰입한 적이 없기 때문이다. 즐겨 입는 원피스조차도 동조압력으로 입고 있는 것일 뿐 좋아하는 색을 고른 것이 아니다.

여기서 묘사된 여성의 심술궂은 성격과 바보스러움은 다소 과장되어 있다고는 하지만 많은 여성들이 공감하는 부분이 있지 않을까 싶다. 어느 정도 자신을 객관시할 수 있는 여성이라면 이런 바보스러움에서 벗어나고 싶다고 생각하는 것이 당연하다. 남성들도 그런 것처럼 말이다. '객체로 있어라', '자아를 가지지 말라'는 압력을 이 이상 여성들에게 가하는 것은 남성들에게도 결코 좋은 일이 아니다. 여자도 투쟁심과 인정받고 싶은 욕구가 있는 인간인 이상 무리하게 '여자'의 틀에 끼워 넣으려고 하면, 그

욕망은 삐뚤어진 형태로 분출되게 마련이기 때문이다.

오카자키 교코의 만화 〈Pink〉(1989년)의 주인공 유미는 사랑과 행복의 색인 핑크를 아주 좋아한다. 핑크는 죽은 어머니의 손톱 색깔이었다. 유미는 핑크색 장미를 보고 이렇게 결심한다.

> '돈으로 이렇게 예쁜 것을 살 수 있다면, 나는 얼마든지 일할 수 있어.'

핑크는 예쁘고 우아하고 순수한 모친 세계의 상징이다. 하지만 역설적으로 유미가 핑크의 세계를 추구하면서, 매춘을 해서 번 돈으로 소비를 하면 할수록 돈에 쩨쩨하고 저속한 계모와 닮아간다.

우리는 조건 없이 사랑해주는 엄마같이 상냥하고 예쁜 핑크를 외부에서 구하려고 할수록 조건부의 소비문화에 묶이게 되는 모순 속에서 살고 있다.

주체로서의 뉴 핑크

트위터와 블로그에서 전개됐던 올드 핑크 논쟁으로부터 몇 개월 뒤에 트위터를 이용하는 여성들 사이에서 '나의 뉴 핑크'라는 해시태그hashtag가 조용히 유행했다. 논쟁을 좋아하지 않는 성향의 여성들도 주체적으로 자신이 좋아하는 핑크 사진을 올린 것이다. 다음은 '나의 뉴 핑크' 태그와 함께 올라온 사진의 예이다.

〈핑크 플라밍고〉, 〈프란시스 하〉, 〈나의 장미빛 인생〉, 벌거숭이 빼드렁니 쥐, 소피아 코폴라 감독의 〈마리 앙투아네트〉, 〈킬빌 vol.2〉, 프란시스 베이컨의 살점을 연상시키는 핑크색, 핑크팬더, 초 신타*, 이마와노 기요시로**, 〈로슈포르의 연인들〉, 〈핑크빛 연인〉, 리사 롭의 〈Firecracker〉, 엘리자베스 여왕, 〈베이맥스〉의 허니레몬, 〈썬더버드〉의 레이디 페넬로프와 핑크색 롤스로이

* 초 신타長新太(1927~2005), 일본의 만화가이자 동화작가로 책 표지에 핑크색을 사용했다.
** 이마와노 기요시로忌野清志郎(1951~2009), 일본의 록 뮤지션으로 핑크색 재킷을 즐겨 입었다.

스, 하야시야 페&파코, 〈조조의 기묘한 모험〉의 조르노 조바나, 매튜 본 연출의 〈호두까기 인형〉, 〈그랜드 부다페스트 호텔〉, 오카무라 야스유키의 앨범, 니키 미나즈*, 고갱, Perfume의 〈스파이스〉 MV, 〈루팡 3세〉 오프닝 영상, 주초앵무, 핑크리본 월간 NFL 시합 회장, essie의 네일 컬러, 엘사 스키아파렐리의 신발모양 하트, 사와다 겐지**, 〈클로저〉의 나탈리 포트만, 마리 로랑생의 '암사슴', 고양이 발바닥, 멕시코 루이스 바라간의 건축, 〈오스틴 파워〉의 팸보트, 파울 클레***, 〈전쟁의 선언〉, 분메이토의 가이추 단팥죽, 〈가면라이더 디케이드〉, 〈병 안의 새〉, 푸시 리의 핑크 화분, 윌리엄 모리스 〈야생 튤립〉, 디타 본 티즈의〈베티 페이지 리빌스 올〉, 로알스달의《키스 키스》표지 , 세본스타****, 〈핑크 캐딜락〉, 205

* 니키 미나즈Nicki Minaj(1982~), 미국에서 활동하는 래퍼로 핑크색 헤어컬러가 유명하다.
** 사와다 겐지沢田研二(1948~), 일본의 가수이자, 배우. 'BAD TUNING'이라는 앨범 재킷이 핑크색이다.
*** 파울 클레Paul Klee(1879~1940), 독일의 화가로 현대 추상 회화의 시조라고 불린다. 작품에 핑크 색채를 많이 사용했다.
**** 초콜릿과 함께 목걸이 등의 귀여운 장난감 액세서리가 들어 있다.

계열 전차, 미야시로 가사하라 초등학교, 〈사랑은 타이핑 중!〉 팸플릿, 요시카와 고지*, 치마저고리, 〈소녀혁명 우테나〉, 말라가는 수국의 화려한 선명함, 〈여성상위시대〉 포스터, '피에르 에르메 파리'의 케이크 '이스파한 마카롱', 〈공주와 개구리〉의 샤롯, 앙리 마티스의 '금붕어', 제프리 유제니디스의 《메리지 플롯The Marriage Plot**》 표지, 프라다 향수 '캔디', 가네코 구니요시가 작업한 《이상한 나라의 앨리스》 표지, 도로 사이클 대회인 '지로 디탈리아Giro d'Italia'에서 우승한 선수에게 수여되는 핑크색 트레이닝복 상의 '마리아 로자', 오오야 마사코***, 단풍새, My Bloody Valentine의 음반 'Loveless', COUP DE CHANCE의 머플러, 〈퀸카로 살아남는 법〉, 핑크색 샤넬 의상을 입은 바비, 트위기, 가도노 에이코****, 〈가면라디어 2호〉에 등장하는 괴인 재규어

* 요시카와 고지吉川晃司(1965~), 일본의 록 뮤지션이자 배우.
** 원서와는 달리 일본에서는 핑크색 표지로 번역 출간되었다. 국내에서는 번역되지 않았다.
*** 오오야 마사코大屋政子(1920~1999), 일본의 가수, 탤런트, 작가. 핑크색이나 빨간색 의상을 즐겨 입었다.
**** 가도노 에이코角野栄子(1935~), 일본의 동화작가이자 에세이스트. 대표작으로는 《마녀 배달부 키키》가 있다.

사랑스러운 핑크, 핏기가 도는 핑크, 공격적인 핑크, 독기를 품은 핑크, 반짝반짝한 핑크 등 대단하다고 할 정도로 제각각이다. 하지만 누구에게 무시를 당하거나 말거나 '내가 좋아하는 것은 이거다!' 하는 강한 자기주장을 느낄 수 있다. 이 다양성이야말로 뉴 핑크일 것이다.

뉴 핑크란 객체로서의 여성성을 상징하는 순수한 핑크가 아니라 주체적으로 선택한 핑크다. 그래서 뉴 핑크는 한 사람 한 사람이 모두 다르다. 현대를 살아가는 '여자아이'가 모두 다른 것처럼 말이다.

《세계의 끝과 하드보일드 원더랜드》(무라카미 하루키)에 등장하는 전신 핑크 소녀(박사의 손녀)는 부모님을 잃은 고독감에서 할아버지가 좋아하는 핑크색을 항상 몸에 두르고 다닌다. 할아버지 집에 틀어박혀서 계속 할아버지의 가치관에 순종하며 살아온 열일곱 살 소녀는 주인공을 만나고 처음으로 스스로 행동한다. 그 후 그녀는 자신이 만든 '자전거 노래'를 부른다.

그래도 나는
자전거로 숲을 향한다

핑크색 자전거 위에서
4월의 맑은 아침에
무서운 건 아무것도 없지
색깔은 핑크
자전거에서 내리지 않으면
무섭지 않아
빨강도 파랑도 갈색도 아닌
착실한 핑크

속옷부터 구두, 모자, 스웨터까지 주체적으로 다시 고른 새 핑크를 그녀는 '착실한 핑크'라고 부른다. 그리고 그녀는 마음을 가진 사람들만 모여 살며 힘든 노동을 해야 하는 '숲'으로 향한다. 뉴 핑크란 '착실한 핑크'인지도 모른다.

6

핑크 포 보이즈

혹자는 문화 잡지나 서적에서 다음과 같은 소녀론을 본 적이 있을지도 모른다. "논리나 사회에 얽매인 우리 남자들에 비해서 소녀들은 무지하기 때문에 자유로워서 좋을 것 같다(그래서 우리 남자들 흉내를 내면서 공부하거나 사회 진출을 하지 않아도 괜찮은 거지)."

하지만 아이를 키우는 부모들 사이에는 정반대의 남녀관이 침투해 있다. "남자아이들은 바보라서 자유롭고, 여자아이들은 똘똘하고 얌전하다."

이건 이것대로 고정관념이기는 하지만 완전히 편견이라고 무시할 수는 없다. 초등학교 1학년 공개 수업에 가보면 그 차이가 확연하게 드러난다. 여자아이들은 선생님 말씀을 순종적으로 잘 듣고, 부지런히 손을 움직인다. 그에 반해 남자아이들은 애초에 얌전하게 앉아 있지를 않는다. 여자아이들은 공부를 잘해도 손을 드는 것에는 신중하다. 남자아이들은 적극적으로 손을 들지만, 정작 지목을 받으면 "몰라요!"라고 당당하게 선언한다. 내가 "첫째 딸이 팬티만 입고 렛잇고를 부른다. 너무 렛잇고인 듯"이라는 내용의 글을 트위터에 올렸더니 곧바로 한 아들 엄마가 이런 댓글을 달았다. "여자아이는 좋네요. 팬티는 입어주니까요."

유년기부터 초등학교 시기만큼 남녀 구별이 확실한 때는 없다. 남자아이는 충동 조절이 천천히 발달하기 때문일까? 아니면 태아 때 노출되는 남성 호르몬이 남자아이를 난폭하게 만들기 때문일까? 신경 과학자인 리즈 엘리엇은 이런 생물학적 이유 이상으로 환경에 의해 성격이 크게 좌우된다고 지적한다. 3세를 넘어설 무렵이 되면 남자아이는 남자아이끼리, 여자아이는 여자아이끼리 놀게 되고 동료집단 속에서 각각의 특성을 더욱 강화하는 방향으로 동조압력이 일어난다. 성별을 확실히 하고자 하는 의식이 한층 더 큰 성 차이를 낳고 있는 것이다. 초등학교 저학년 남자아이가 수업 시간에 까부는 것은(흔히들 말하는 것처럼) 남자아이는 원래 바보기 때문이라거나 태어날 때부터 원숭이기 때문이라기보다는, 여자 교사라는 권위를 무시하는 강인함을 보여주려고 동료들끼리 경쟁하기 때문이라고 생각하는 편이 실제에 가깝다.

특촬 전대물이 정의와 악을 명확하게 나누는 것처럼 그레이존을 이해할 만큼 뇌가 발달되지 않은 아이들에게 남자와 여자의 구분은 극히 엄밀한 규칙이다. 내가 초등학생이었을 때 여자아이가 쉬는 시간에 남자아이들 사이에 끼어서 축구를 하는 것은 금기시되었었다. 하루는 남자아이들이 장기를 둘 때 같이 두려고 했더니 "여자는 장기를 두는 게 아니야"라면서 거절하는 바람에 혼자서 장기를 두었던 것이 아직까지 마음속에 응어리로 남아 있다. 유치원 때는 그렇게 축구를 좋아하던 우리 첫째도 초등학생이 된 지금은 "그건 남자아이들이 하는 거잖아"라면서 거들떠도 보지 않는다. 성 정체성은 개인의 정체성을 형성하는 기반이 된다. 따라서 나중에 커서 개성을 확립하기 위해서는 먼저 확실한 남녀 구별이 필요한 것이다.

그렇지만 요즘 세상에 여자아이가 축구를 하고 싶어 한다고 해서 말리는 사람은 아마 없을 것 같다(일본 축구 국가대표 '나데시코 JAPAN' 덕분인지도 모른다). 우리 딸이 하는 말로는 학교에서 장기를 두는 남자아이들은 더 이상 여자아이를 배제하지 않는다고 한다. 쇼와 시대(1926~1989년)에 자주 하던 "여자가 수학 따위 공부해서 뭘 할거냐"는 말도 요즘 시대에는 입 밖에 내는 순간 비판을 받게 되었다. 최근에 참가한 초등학생을 위한 프로그래밍 1일 강좌에 여자아이들의 모습도 많이 보여서 격세지감을 느졌다. 성장과정에 있는 여자아이가 남성의 영역이라고 간주되던 분야에 발을 들여놓는 것을 환영하는 분위기가 서서히 형성되고 있다.

그렇다면 남자아이는 어떨까? '조금은 바보 같은' 남자아이는 엄마 눈에는 귀여운 존재다. 하지만 과연 여자의 영역이라고 간주되어 왔던 '가와이'의 영역에 뛰어드는 남자아이를 보는 사람들의 시선도 따뜻한 것으로 바뀔 수 있을까?

THINK

핑크를 좋아하는 남자들

"핑크를 좋아하는 남자아이라서 럭키! 페디큐어는 즐거워"라는 광고문구와 함께 발톱에 형광 핑크색 매니큐어를 바른 다섯 살 남자아이가 엄마와 함께 웃고 있는 사진을 광고로 게재한 미국 패션 브랜드 'J Crew'에게 보수주의자들의 비난이 쏟아졌다. 사진에 나온 엄마는 'J Crew'의 크리에이티브 디렉터인 제나 라이온즈였고, 남자아이는 그녀의 아들이었다. '아이들에게 트렌스젠더가 되기를 장려하는 선전이다', '아들의 장래를 어둡게 만들려고 하고 있다', '성 정체성을 포기하면 우리의 문화는 어떻게 되겠는가?' 발톱에 핑크색을 칠한 것 정도로 트렌스젠더라고 하는 것은 지나친 것 같지만, 보수주의자들의 분노는 사그라들 줄 몰랐다.

2013년에 방송된 〈세서미 스트리트〉의 어떤 에피소드가 미국의 보수주의자들에게 '남자다움에 대한 개념을 공격하고 있다', '성역할을 부정한다', '섹슈얼리티와 젠더에 대한 파멸적인 가르침이다'라는 맹비난을 받은 일이 있었다. 그들에 따르면 신을 두려워하지 않는 센세이셔널한 스토리는 다음과 같다. 인형을 가지고 놀던 한 남자아이(=곰돌이)가 불도저 장난감을 가진 친구들이 놀러오자 부끄러워서 인형은 여동생 거라고 말한다. 그런 아이에게 어떤 어른이 장난감을 남자아이용, 여자아이용으로 구분할 필요가 없으며, 남자아이가 곰돌이 인형을 가지고 노는 것은 앞으로 아빠가 되기 위한 연습이라고 설명해주는 내용이었다. 이 말을 들으면 그게 다냐고 의아해할 사람도 있을 것이다.

미국 하스브로사의 장난감에서 탄생한 파스텔색 망아

지들의 우정을 그린 여아용 애니메이션 〈마이 리틀 포니-우정은 마법〉은 남자아이들에게도 인기를 얻고 있다. 미국에서 여아 애니메이션을 좋아하는 남성 팬의 존재는 이 작품이 나오기 전까지는 거의 인지되지 않았던 것 같다. 남성 팬들은 '브로니'라고 불리며 그들의 모습이 다큐멘터리 영화로 제작될 정도로 주목을 받았다. 하지만 뉴스 방송에서조차 브로니들을 조롱하듯이 묘사하는 일이 종종 있는데, 특히 어린 브로니들은 심한 무시를 당하는 듯하다. 2014년 1월에는 마이 리틀 포니를 좋아한다고 공언한 노스캐롤라이나 주에 사는 11세 소년 마이클 모론즈가 따돌림을 당해서 자살을 시도한 사건이 일어났다. 아이는 자살을 시도하기 직전에 엄마에게 말했다. "엄마, 나는 이제 지쳤어요. 다들 나한테 '게이', '기분 나쁜 놈', '얼간이'라고 해요." 마이클은 목숨은 건졌지만 의식불명의 중태에 빠졌다. 이 사건을 알게 된 마이 리틀 포니 팬들은 치료비를 모으기 위해 '마이클 회복을 위한 지원 모금'을 설립했다. 현재 전 세계에서 7만 5천 달러 이상의 기부금이 모였고, 의식을 되찾은 마이클은 병원 안에서 공부를 할 수 있을 정도로 회복되었다.

같은 노스캐롤라이나 주에 사는 9세 남자아이는 학교에 〈마이 리틀 포니〉 가방을 들고 다녔다는 이유로 '자살하라'는 말을 듣는 등 심한 따돌림을 당해서 등교를 거부하게 되었다. 그런데 학교 측은 어이없게도 가해자를 처벌하는 대신 마이 리틀 포니 가방 금지령을 내렸다. 화가 난 소년의 엄마가 페이스북에서 캠페인을 진행하자 이 사건을 유명 미디어가 취재하게 되었고, 결국 미국 전역에 이 소식이 알려졌다. 학교의 대응에 대한 비난이 쏟아진 것은 말할 것도 없다. 학교 측은 마이 리틀 포니 가방 금지령을 풀 수밖에 없었다.

핑크색 레고에 화를 내는 여자아이를 칭찬하는 미국에서도 남자아이가 "레고로 해적놀이를 하라고요? 남자라고 과격하게 훔치거나 싸우는 건 싫어요. 우리도 카페에서 달콤한 디저트를 먹고, 쇼핑을 하고, 해변에서 놀고, 귀여운 것에 둘러 싸여서 지내는 핑크색 레고로 놀고 싶다고요!"라고 당당하게 말할 수 있는 상황은 아닌 것 같다. 특히 보수적인 지역에서는 '가와이'의 세계에 발을 들여놓는 남자아이에 대한 차별이 심하고, 남자아이가 사회를 향해서 자신의 취향을 존중해달라고 호소할만한 자존감을 기르기는 어려워 보인다. 또한 핑크에는 유약함이나 어리석음 등의 부정적 여성성의 이미지가 따라다니기 때문에 그것을 남성이 몸에 걸치는 것은 게이나 트렌스젠더가 하는 행동으로 사람들이 업신여기는 경향이 있다. "미스터 핑크라니, 여장남자 같잖아!" 이것은 영화 〈저수지의 개들〉에서 자신에게 부여된 코드네임에 짜증을 내는 악당의 대사다.

'가와이*'와 남자

남자다움을 높이 평가하는 미국만큼은 아니지만, 일본에서도 여자 같은 취미를 가진 남자아이들이 동성 집단에서 받아들여지기는 어려운 듯하다. 초등학생 때부터 사춘기까지 소녀만화나 여아용 애니메이션을 좋아하던 남성들은 하나같이 당시에는 숨어서 봤었다고 고백한다. 앞

* '가와이かわいい(귀엽다)'는 유난히 귀여운 것을 좋아하는 일본인들의 성향을 보여주는 말로 '일본문화=가와이의 문화'라고 말하는 사람도 있다.

에서 말한 것처럼 아이 집단은 성별 구분에 엄격하고, 특히 남자아이들의 경우 '남자는 여자보다 강하고 뛰어나다'는 생각이 성 정체성의 근간을 이루는 경우가 있기 때문이다. 자기들과 같은 성별을 가진 자가 뒤떨어지는 존재인 여자의 문화를 좋아한다는 것 자체가 그들의 기반을 흔들 수밖에 없다. 그렇다면 따돌림으로 발전하기 전에 귀여운 것을 좋아하는 남자아이 스스로가 분위기 파악을 해서 자신의 취미를 숨길 수밖에 없지 않을까?

동물원 등에서 어린 남자아이가 "귀엽다" 하면서 동물을 귀여워하는 모습을 보면 미소를 짓게 된다. 하지만 초등학생 이상이 되면 '여자아이'에 대한 성적 평가를 할 때 외에는 남자아이가 '귀엽다'는 말을 입 밖에 내는 일이 거의 없어진다. 핑크에서도 자연스럽게 멀어진다. 남자아이가 조금 바보스럽고 자유롭고 귀여운 존재로써 사랑받고, 거리낌 없이 귀여운 것을 만끽할 수 있는 것은 '엄마와 자식의 세계'의 주민으로 있는 아주 짧은 기간밖에 없는 것이다. 바보스럽고 자유롭고 귀여운 존재로서의 '소녀'에 대해서 열의를 담아서 이야기하는 문화인들은 사실 '일찍이 엄마에게 사랑받던 바보스럽고 자유로운 남자아

PINK

이였던 귀여운 자신'의 이야기를 하고 있는 것인지도 모른다.

한편 〈프리큐어〉 시리즈 및 〈아이카츠〉, 〈쥬얼펫〉 시리즈 등 일본에서 소녀 애니메이션을 좋아하는 성인남성의 존재는 공공연연하게 알려져 있다. 극장판 〈프리큐어〉 사전예약 특전으로 핑크색 넥타이와 벨트 세트가 준비된 적도 있을 정도다. 사실 프리큐어 시리즈는 4~9세 여아를 주요 타깃으로 하지만, 19~30세 남성도 코어타깃이라고 한다. 중학생 이상의 여성은 서브타깃에조차 포함되지 않았는데, 성인 여성들은 일반적으로 한번 졸업한 반짝반짝 핑크의 세계를 부끄럽게 느끼기 때문일 것이다. 남자아이가 좋아하는 특촬 상품 이상으로 온통 핑크인 여아 애니메이션 상품을 싫어하는 엄마도 적지 않다.

고백하자면 나는 프리큐어 시리즈를 아이에게 보여주기에 괜찮은 애니메이션이라고 생각하기는 하지만, 핑크색과 반짝거림이 넘치는 화면 때문에 눈이 아파서 마지막까지 보지는 못한다. 동성인 나조차도 따라가지 못하는데 소녀가 남자들을 물리치는 애니메이션을 보고 같은 남자들이 즐거워하는 것은 대체 무엇 때문일까(싸울 때 소녀들의 팬티가 살짝 보이는 것도 아닌데 말이다)? 그 이유를 찾으려고 프리큐어 팬의 블로그와 인터넷 사이트를 검색한 적이 있었는데, 아래 의견들을 보고 '아, 그렇구나' 하고 공감했다.

> "앞뒤를 가리지 않고 자신이 옳다고 생각한 일을 한다. 무슨 일이 있어도 반드시 우정이 승리한다. 희망만 있으면 뭐든지 할 수 있다는 성인 여성에게는 없는 소녀의 순수함이 남성의 눈에는 신선하게 보인다."
>
> "'인류 문명은 멸망을 향해 가고 있는 것이 아닐까?' 하고 생각하는 어른이 적지 않다. 만약 그런 인류와 지구에 구원이 있다고 한다면, 그것은 지금까지 역사를 주도하고 지속 불가능한 사회를 만들어버린 '남성'이 아니라 오히려 '여성'의 감성에 의해서 이루어지지 않을까? 시대의 암담함을 타파할 열쇠는 여성, 상냥하고 활기차고 결코 포기하지 않는 '프리큐어' 같은 여성이 될 가능성이 있다."
>
> "남성 안에도 여성적인 부분이 있다. 성인에게도 어렸을 때의 마음이 남아 있다. 그리고 '마음 속 소녀'가 나에게

PINK

프리큐어가 즐겁고 재밌다고 말해준다!"

"'노력하면 꿈은 반드시 이뤄진다!'거나 '진심은 반드시 전해진다!'거나 '절대 포기하지 않으면 몇 번이고 다시 일어날 수 있다!'는 이상은 현실에서는 말도 안 되는 거짓말이지만, 정말로 지친 사람에게는 의외로 위로가 되는 것 같다고, 프리큐어!"

《프리큐어 신드롬》(가토 레이즈나 저, 2012년)에 따르면 〈프리큐어〉 시리즈의 악당 조직은 회사원의 비애를 테마로 만들어졌다고 한다. 프리큐어 시리즈의 초대 프로듀서인 와시오 다카시 씨는 악당 조직의 리얼리티에 대한 질문을 받고, 자신이 회사원 시절에 경험한 조직의 존재 방식을 기본으로 했다고 답했다. 적들은 남성 중심의 일본 기업을 모델로 한 서열이 있는 '조직'인 데 반해서 여주인공들은 리더가 없는 '팀'이다(모델은 〈쇼난 폭주족*〉이라고 한다). 와시오 프로듀서는 '리더'라는 단어를 사용하면 곧바로 서열이 생겨나기 때문에 리더라는 단어를 쓰지 않았

* 만화 잡지 《소년 KING》에 1982~1987년까지 연재된 요시다 사토시의 폭주족 만화

다고 말한다. 수평적인 우정으로 연결된 소녀 팀이 "노력을 했든 안 했든 그런 건 상관없어", "결과로 증명해", "변명은 변명이지" 등 상사가 부하를 힐책하는 검은 조직을 해치운다. 이런 내용이 남자다움을 강조하는 중장년 남성으로부터 매일같이 불합리한 요구를 받는 젊은 남성에게는 위안이 될 것 같다.

아이를 낳은 여자가 '엄마와 자식의 세계'의 울타리 안에 갇히는 일본사회는 필연적으로 중장년 남성이 지배하는 남성 사회가 된다. 여성성이 배제되어 있는 만큼 그 가혹함은 다른 나라보다 더하다. 이 사회에서 성인 남자가 된다는 것은 싸우고 이겨서 다른 사람을 거느리고, 돈을 벌어서 아름다운 '여자'를 얻음으로써 승리자 팀에 들어가는 레이스에 참가하는 것을 의미한다. 본격적인 레이스에 나서기 전의 준비운동은 초등학교 때 이미 시작된다. 소년 만화에서 아름다운 여자아이는 때때로 노력 · 우정 · 승리를 이룬 남자아이에 대한 트로피처럼 존재하고, 아름답지 못한 여자아이는 몬스터, 여성스러운 남자아이는 '여장 남자'라고 모멸당한다. 현실사회에서도 '남자아이는 원래 개구지니까'라는 고정관념을 가지고 있는 사람들은 약한 남자아이에 대한 따돌림을 눈감아주기 쉽다. 머지않아 '가와이'를 입 밖으로 내는 것도, 그 대상이 되는 것도 '여자아이'의 전매특허가 되어버린다. 미소녀 문화가 무르익는 것은 사회의 숨막힘을 반증하는 것이다.

남성이 거절당하고 있는 것은 '가와이'뿐만이 아닐지도 모른다. 일전에 영문판 코너 주간 서적 판매 랭킹에서 전미 1위를 획득한 《인생이 두근거리는 정리의 마법*》(곤도 마리에 저, 2012년)은 해외에서는 남성들에게도 사랑받고 있는 데 반해, 일본에서는 대부분의 독자가 여성이다. 그 이유로 혹자는 '두근거리는'이라는 단어가 여성적이기 때문에 많은 남성들이 자신과는 상관없는 책이라고 생각한 것 같다고 분석했다. 영문판에서 '두근거리는'은 'spark joy'라는 중립적인 표현으로 번역되었기 때문에 성별에 관계없이 받아들여진 것이 아니냐는 추측이다. '두근거림', '심쿵', '근사한', '두근두근', '룰루랄라', '흥겨운' 등 무언가에 감동해서 마음이 들뜬 모습을 나타내는 일본어는 하나같이 여성 전용이라는 느낌이 있다. 외부의 물건

* 국내에서는 《인생이 빛나는 정리의 마법》이라는 제목으로 출간되었다.

이나 사건에 쉽게 마음이 동하는 미성숙함은 자아를 확립해서 타인의 위에 서기를 요청받는 성인 남성에게는 어울리지 않는지도 모른다.

한편, 여성은 남성 사회가 만들어내는 상품을 '여자아이'로서 소비하면서 가부장제의 억압에서 벗어나 잠깐 동안의 자유를 향유할 수 있게 되었다(이것도 소비 페미니즘이라고 부르는 사람도 있다). 핑크색 '여자아이'로 있기만 하면, 남성 사회의 서열에서는 자유로워질 수 있지만 소비자는 무지한 존재로 간주되기 마련이다. 마케팅은 항상 지식이 많은 자가 정보가 빈곤한 자를 자신들에게 유리한 입장으로 끌고 가는 형태로 이루어지기 때문이다. '올드 핑크'라는 단어에는 여성이 의사결정의 장에서 소외되고 수동적인 소비자로 있을 수밖에 없는 것에 대한 초조함도 포함되어 있을 것이다.

'가와이'를 아무리 갈고 닦아도 사회에서 소외당하는 여성과 '가와이'로부터 소외당해서 미소녀 이외의 것에는 마음이 설레는 일이 없어진 남성, 양쪽 모두 숨 막히는 부분이 있지 않을까?

남자아이에 대한 억압

이런 사회에서는 먼저 남자아이에 대한 억압을 의식적으로 줄여가는 것이 여성에 대한 억압을 줄이는 방책이 될지도 모른다. 남자아이 자신이 '가와이'를 버리는 일 없이 그 영역에서 감성을 다듬어 간다면, 성장한 뒤에 여성에게 '순진무구한 객체로 있으라'고 강요할 필요가 없어지기 때문이다. 남성 부재의 육아 현장에서는 남성성을 텔레비전 방송이나 소년 만화, 게임 등에서밖에 배울 수가 없다. 대중문화는 보다 많은 사람이 즐길 수 있도록 표현이 고정관념을 강화시키는 방향으로 점점 더 치우치기 마련이여서 배틀이나 경쟁을 좋아하지 않는 남자아이가 롤모델로 삼을만한 현실적인 남성상을 기르기 어렵게 만든다. 남성도 육아에 참여하면 경쟁, 배틀, 남녀차별주의뿐만 아니라 다양한 남성성의 존재방식을 보여줄 수 있다. 다른 나라의 문화에 눈을 돌려보는 것도 좋을 것이다. 물론 다른 나라에도 억압은 있지만 그 방식이 조금씩 다르기 때문이다. 일본 외의 국가에도 억압이 존재한다는 사실을 아는 것만으로도 시야가 좁아지기 쉬운 아이들에게 도움이 되지 않을까 싶다.

핑크를 좋아하는 다섯 살 남자아이의 엄마가 자신의 아들을 모델로 그린 그림책 《My Princess Boy》(2009년)에 나와 있는 에피소드는 남자아이의 귀여운 취미를 어떻게 지켜줄 것이며 어른의 마음가짐이 어때야 하는지를 가르쳐준다. 어느 날 두 살짜리 아들 다이슨을 데리러 어린이집에 간 엄마 셰릴은 자신의 아들이 빨간 드레스와 핑크색 하이힐을 신고 놀고 있는 모습을 보고 아연실색한다. 당시에 그녀는 어린이집 교사에게 '남자아이다운 의상을 준비해줬으면 좋겠다'고 부탁했는데, 얼마 지나지 않아 아들이 정말로 공주 같은 패션을 좋아한다는 사실을 알게 되었다. 다이슨의 형인 첫째 아들의 조언에 따라 1년 반에 걸쳐서 아들의 취미에 익숙해진 엄마는 아들의 취향을 주위 사람들도 이해해줬으면 하는 마음에서 그림책 출판을 결심했다. 책 제목은 다이슨이 스스로를 부르는 호칭인 '프린세스 보이'에서 유래했다. 그 이름처럼 다이슨은 자신이 남자아이라는 사실을 믿어 의심치 않는다. 남자아이용 장난감으로 놀 때도 있고, 남자친구와 여자친구 모두와 사이좋게 지내는데 단지 하늘하늘거리는 핑크색 드레스를 좋아할 뿐이다. 미국 텍사스 주 후드 카운티에서는 보수적인 주민들이 이 책을 도서관 아동 코너에 들여놓지 말아야 한다며 소송을 거는 등 주위 반응이 하나같이 따뜻했던 것은 아니다(후드 카운티 위원회에서는 이 소송을 기각했다). 하지만 다이슨은 가족들의 이해와 사랑으로 따뜻한 보살핌을 받으며 핑크색 드레스를 입고 텔레비전 방송에도 당당하게 출연했다.

캐나다에서 시작된 따돌림 방지 운동인 '핑크 셔츠 데이'는 핑크색 셔츠를 입은 남자아이가 게이라고 놀림 받고 폭행당한 사건을 계기로 시작되었다. 하급생에 대한 따돌림을 알게 된 남자 고등학생 두 명은 폭력을 휘두른 아이를 설복시키는 대신에 한 가지 묘안을 생각해냈다. 가까운 할인점에서 핑크색 셔츠를 50벌 정도 구입해서 반 친구들에게 이 셔츠를 입어달라고 메일을 보낸 것이다. 다음날 아침, 남학생들이 학교에 가지고 온 대량의 핑크 셔츠를 함께 입음으로써 따돌림은 자연스럽게 없어졌다. 이 이야기는 라디오 방송에서 소개되었고, 눈 깜짝할 사이에 캐나다 전역으로 퍼졌다. 2007년의 일이었다. 이듬해인 2008년에는 일본을 포함한 많은 나라에서 매년 2월

마지막 수요일을 '핑크 셔츠 데이Day of Pink'로 지정하고, 따돌림 방지에 관한 다양한 계몽활동을 하고 있다. 2015년에는 토론토 경찰서의 경찰들이 핑크 셔츠 데이를 맞아 머리카락을 핑크색으로 염색하고, 핑크색 경찰차로 이벤트에 참가한 모습이 트위터에서 대대적으로 리트윗retweet 되었다. 나쁜 사람을 완력으로 제압하지는 못하더라도 핑크색 패션이 남성다움에 도움이 되는 일도 있다는 메시지를 아이들에게 전달할 수 있는 좋은 사례다.

'남자다움'이라고 하면 인상을 쓰는 사람도 있을지 모른다. 젊은 시절 나는 "너는 여자 같지 않아"라는 말을 들을 때마다 그것이 긍정적인 문맥에서 하는 말이라도 어쩐지 기분이 좋지 않았다. 성에 대한 자의식은 많은 사람들에게 있어서 정체성의 기반이 된다. 세 살짜리 아이에게도 마찬가지다. 여자아이가 축구를 좋아하거나 수학을 좋아한다 해도 성별이 여자라는 점에는 변함이 없다(성동일성 장애가 아닌 이상). 마찬가지로 남자아이도 핑크를 좋아하거나 귀여운 것을 좋아한다고 해서 남자가 아닌 것은 아니다. 핑크의 여성성 강요에 고민하는 여성들이 자신만의 뉴 핑크를 찾는 것처럼, 기존의 남성성과 어울리지 못하는 남자아이가 자신만의 남성성을 찾을 수 있도록 어른들이 도와줄 수 있는 부분이 있지 않을까?

두 아이의 아빠이자 비영리 시민 학교에서 커뮤니케이션 디렉터로 일하고 있는 콜린 스톡스 씨는 TED 토크 '영화가 남자아이에게 가르치는 것'에서 악인을 무찌르는 것 외의 남성성을 아들에게 전해줄 수 있는 영화가 부족한 현실에 대해서 안타까움을 토로했다. 여자아이에게는 리더십과 협동을 배울 수 있는 〈오즈의 마법사〉 같은 영화가 있는데, 남자아이를 겨냥한 영화는 온통 싸움뿐이라는 것이다. 여자아이는 남성 사회에 맞서는 기술을 픽션에서 배울 수 있지만, 남자아이는 본보기를 찾아볼 수가 없다. 그렇다면 그 대신 남자아이는 픽션에서 뭘 배울까? "남성 히어로의 역할, 즉 폭력으로 악인을 쓰러트리는 것을 배우지 않았을까요? 그리고 그 대가로 친구가 없는 조용한 여성을 얻는 것. 그런 것을 배웠을까요?", "아들들은 새로운 인간관계를 배울 필요가 있습니다. 아버지가 아들의 본보기가 되어 가르쳐야 합니다. 진정한 남성이란 여성을 신뢰하고 존중한다는 사실, 그리고 여성과 한 팀이 된다는 사실, 여성을 괴롭히는 남자에게 맞서는 남성이라는 사실 말입니다. 이것을 아버지가 아들에게 보여주어야만 합니다."

중년 남성도 '가와이'의 세계로

여성들도 핑크의 객체로서가 아닌, 그렇다고 지극히 남자다운 명예 남성으로서도 아닌 형태로 사회에 들어가 그 역할을 늘림으로써 숨 막히는 이 사회를 바꿀 수 있을 것이다. 여성 집단은 어쩐지 음습하다는 말도 있다. 확실히 영화 〈퀸카로 살아남는 법〉이나 일본의 학부모회처럼 두드러진 자기주장이 용인되지 않고 '바보스럽고 귀여운 여자아이', '희생적인 엄마'라는 객체로서의 서열을 경쟁하는 환경에 몰린 여성 집단은 음습해지기 마련이다. 하지만 주체로서의 자아를 확립하고 있는 성인여성 집단은 대개 온화하다. 여성 종합직*이 많은 회사에서는 상사들에게 술을 따라야 하는 회식 대신에 따뜻한 느낌의 커피

* 기업에서 기획 등 종합적인 판단이 필요한 업무를 하며 장차 관리직이나 임원이 될 수 있는 직무층을 말한다.

타임이나 점심식사, 생일 파티 등 수평적으로 친목을 다지는 일이 더 많다. 나는 상사와 부하 직원이 거의 여성인 직장에서 일했을 때, 자신은 컴퓨터를 잘 다루지 못한다고 난처해하며 주위 여성들에게 도움을 받는 마성의 중년 남성(직급도 꽤 높은 사람이었다)의 존재에 놀란 적이 있다. 일반적인 남성 중심의 기업에서 일하고 있는 사람 눈에는 기묘하게 보일지 몰라도 "이런 걸 어디다 써먹어!" 하면서 부하 직원에게 괜히 화를 내는 사람보다는 훨씬 낫다.

2013년에 아이돌 그룹 AKB48의 노래 〈사랑의 포춘쿠키〉를 따라하는 다양한 기업과 단체의 프로모션 영상이 인기를 끌면서 전국적으로 유행한 적이 있다. 그중에서도 비디오 어워즈를 수상하고 해외에서도 절찬을 받은 것은 중년 남성의 비율이 상당히 높아 보이는 택시회사 '일본교통'의 영상이었다. 일본의 중년 남성이 아이돌의 춤을 추는 모습에 '큐트하다', '귀엽다', '사랑스럽다'라는 댓글도 많이 달렸다. 중년 남성도 귀여울 수 있는 잠재력이 상당히 높다. 요즘 젊은 여성들에게는 귀염성이 없다고 탄식하는 남성이 있다면 지금부터라도 늦지 않았으니 스스로 귀여움을 지향해보는 것은 어떨까? "얼굴이 달덩이 같아졌네", "예쁜 옷 입은 걸 보니 남자친구라도 생겼나 봐?"라고 생각 없이 품평을 해서 여성들의 언짢은 표정을 볼 바에야 "리투아니아의 핑크색 식탁보 귀엽지 않아?", "맞아, 발트 3국 진짜 멋있지?", "구소련 시대의 건축도 두근거린다니까!" 등의 귀여운 이야기를 하며 신나 하는 편이 서로 즐거울 것 같다.

<요괴워치>와 <겨울왕국>이 여는 시대

최근 몇 년 동안 아동 영상 문화에서 최고의 히트작이 된 텔레비전 애니메이션 〈요괴워치〉(2014년 방송 시작)와 디즈니 프린세스 영화 〈겨울왕국〉(2013년 개봉)은 새로운 남녀의 존재방식을 제시하고 있다.

딸들이 졸라서 애니메이션 〈요괴워치〉를 보기 전까지 나는 요괴워치 열풍을 먼발치에서 바라만 보고 있었다. '남아용 애니메이션이면 어차피 요괴를 부려먹으면서 배틀이나 하는 거 아냐? 이기면 진 쪽 요괴가 부하가 되고, 미소녀가 뽀뽀를 해줄 게 뻔하지.' 하지만 이런 선입견은

PINK

금방 깨졌다. 이 애니메이션에는 배틀 요소가 거의 없고 등장인물의 관계도 평등했다. 주인공 케이타(한국 이름: 윤민호)에게는 두 명의 친구가 있는데, 이 세 사람 사이에는 서열관계가 없고 골목대장이나 재력을 과시하는 부잣집 아들도 없다. 케이타의 아버지는 남자다운 놀이를 하라고 아들에게 윽박지르지 않고, 어머니도 온화하다(요괴에게 홀리지 않는 한은 그렇다). 케이타의 집에 붙어사는 고양이 영혼 지바냥은 케이타를 비호하는 역할을 하는 것도 아니고 그렇다고 부하도 아닌 대등한 관계의 친구인데, 요괴집사인 위스퍼와 함께 어딘지 모르게 어리숙하고 귀여운 캐릭터다. 여주인공인 후미(한국 이름: 장세라)는 동성 친구들도 많고, 다른 소년 만화 캐릭터처럼 섹시함을 어필하지도 않는다. 미소녀가 아닌 평범한 소녀들도 묘사하고 있다는 사실이 나에게는 새롭게 느껴졌다. 남아용 애니메이션에서 아름답지 않은 여성이 묘사되는 경우에는 대개 나쁜 역할을 할당받기 때문이다. 이 애니메이션에서 순진무구하고 귀여운 역할을 담당하는 것은 미소녀가 아니라 신사 앞에 세워두는 사자 조각상 요괴인 코마상(한국 이름: 백멍이)과 코마지로(한국 이름: 황멍이) 형제다. 시골 신사가 철거되는 바람에 도시로 나온 그들은 도시 사람에게는 없는 순수한 모습으로 활약을 펼친다. 참고로 코마상은 유아들에게 인기가 많아서 여아용 반짝반짝 핑크 잡지인 〈풋치구미〉 2015년 7월 호의 부록으로 실렸는데, 그때는 전신이 핑크색인 '풋치 핑크 코디'로 등장했다.

스토리는 단순해서 '리모컨이 없어진다, 밥 먹기 전에 군것질을 해버렸다, 잠을 잘못 자서 목이 결린다, 물건을 잃어버린다, 엄마가 이상한 차림을 하고 공개 수업에 온다' 등 아이들의 세계에서 흔히 일어날 법한 곤란할 일이 생기면, 요괴가 보이는 '요괴워치'를 가진 케이타가 문제를 일으킨 요괴를 찾아내서 해결하는 것이다. 원작이 게임임에도 불구하고 텔레비전 애니메이션 판에는 배틀 요소가 거의 없다. 배틀 대신 케이타와 친구들은 요괴의 고민을 들어주거나 공감해주면서 요괴를 '설득'한다. 그들의 집착이 잘못된 것임을 가르쳐주고 타이르면 설득을 당한 요괴들은 사람을 홀리는 것을 그만두고 케이타와 친구가 된다. 최근 비즈니스의 세계에서는 '어서티브assertive(상대의 입장을 존중하면서 대등하게 자신의 요구나 의견을 전달하는 커뮤니케이션 방법론)'의 유효성에 대한 이야기가 많이 나오고 있는데, 초등학생인 케이타는 그것을 이미 체득하고 있다고 할 수 있다. 이런 어서티브 커뮤니케이션 끝에 요괴들에게 우정의 표시로 받는 것은 요괴메달이다. 요괴메달로 소환된 요괴들이 다른 요괴를 설득할 때 도와주는 경우도 있다. 경쟁과 서열로 성립되는 남성 사회의 가혹함은 이 애니메이션에서는 거의 느낄 수 없다.

어서티브의 반대편에 있는 것이 '어그레시브aggressive(공격형)'과 '패시브passive(수동형)'다. 지금까지 우리 사회는 남자아이에게는 어그레시브할 것을, 여자아이에게는 패시브할 것을 요구해왔다. 우리 세대가 초등학교에 다니던 시절에는 항상 남자아이들은 남주인공이 배틀에서 계속해서 이겨나가는 픽션을, 여자아이들은 순진무구한 여주인공이 사랑받고 어떤 종류의 이득을 얻는 픽션에 빠져 있었다. 고도성장기 이후의 아이들의 대중문화는 세계 어디에서도 비슷한 예를 찾아볼 수 없을 정도로 성별에 특화된 형태로 발전해나갔고, 남녀의 정신적 분단을 낳는 하나의 원인이 되었다. 하지만 수험전쟁에서 승리해도 커뮤니케이션 능력이 낮으면 고학력 워킹 푸어working poor(일하는 빈곤층)가 될 수밖에 없다는 사실을 뼈저리게 깨달은 불황기의 부모들은 남자아이에게 경쟁을 강요하지 않는다. 그 대신 남자아이에게도 가사를 돕게 하는 것이 육아의 상식이 되었다. 맞벌이가 늘고 있는 요즘, 엄마들은 옛날처럼 아들에게 모든 것을 바칠 여유가 없는 것이다. 그리고 여자아이에게도 리더십 등의 적극성을 요구하게 되었다.

요즘 부모들이 아이들에게 기대하는 것은 '적절한 자기주장, 상냥함, 공감능력, 협조성'이다. 그러고 보면 케이타의 행동은 현대를 살아가는 남자아이에게나 여자아이에게나 이상적인 행동이다. 잡지 〈초등학교 3학년〉이 휴간했을 때 '남녀 공동'이라는 간행 형태가 초등학생 세대의 요구에 부합하지 않았다는 사실을 휴간 이유 중 하나로 꼽았다. 그런 가운데 〈요괴워치〉가 보기 드물게 남녀 모두에게 골고루 인기를 얻고 있는 가장 큰 이유 중 하나가 이런 것 아닐까?

여자아이들로부터의 인기에 힘입어서 2015년 7월부터 빠른 말투로 온갖 지식을 쏟아내는 SF 오타쿠인 여자아이 '미소라 이나호'라는 새로운 주인공도 등장했다. 세련된 부티크에 기가 죽어서 "이 구역에 충만한 세련된 것을 좋아하는 작은 분자가 나의 출입을 거부하고 있어!"라고 건담에 나오는 대사를 섞어가며 떠들어대는 여주인공은 아동 애니메이션에서는 전대미문이 아닌가 싶다. 객체가 될 수 없는 여자아이의 자기 인식이 개그 소재가 될 만큼 캐주얼화되고 있는 것을 보면서 옛날 사람인 나는 감회가 새롭다.

새로운 디즈니 프린세스

〈토이 스토리 3〉를 앞지르면서 애니메이션 영화로는 전 세계에서 역대 1위의 흥행 수입을 기록하고, 일본에서도 2014년에 가장 많은 관객을 동원한 〈겨울왕국〉에 대해서는 이미 많은 지식인들이 다양한 논고를 거듭하고 있다.

두 딸의 엄마인 내 눈에도 해외작품으로는 보기 드문 인기인 것 같았다. 유치원, 공원, 수영장 탈의실 등 어디를 가더라도 '렛잇고[Let it go]'를 합창하는 꼬마들과 초등학생 여자아이들을 볼 수 있었다. 그 인기에 힘입어서 할로윈이 되면 주위에 엘사가 넘쳐난다. 마치 엘사가 된 것처럼 발을 바닥에 쿵하고 굴러서 주위를 얼리려고 하는 아이들도 많다. 여자아이들이 한꺼번에 하나의 작품에 빠져들어서 그것을 따라 하는 일이 화제가 되는 것은 〈프리큐어〉 열풍 이래로 처음인 것 같다. 핑크를 거의 사용하지 않았음에도 불구하고 이렇게까지 여자아이들에게 절대적인 지지를 받는 일은 드물지 않을까?(하기는 핑크가 차지하는 면적이 적기 때문에 초등학생 이상인 여자아이도 거리낌 없이 빠져들었을 것이다.)

이 작품에는 핑크가 부족한 것을 보충하고도 남을 정도로 여자아이들을 홀릴만한 요소가 충분하다. 아름다운 음악과 영상, 쉴 틈 없이 쏟아지는 눈사람 올라프의 몸을 내던지는 개그, 엘사의 강인함. 그중에서도 큰 비중을 차지하는 것이 사랑보다는 여자들의 연대에 중심을 둔 묘사일 것이다. 디즈니 프린세스 영화는 오랜 세월 동안 '왕자님을 기다리는 공주', '여성의 수동적인 삶의 방식'의 상징이라는 이유로 공격의 대상이 되어 왔다. 하지만 프린세스를 좋아하는 3~7세 여자아이들은 사실 왕자님 따위는 안중에도 없다. 그녀들은 항상 또래 여자아이들끼리 '○○야, 진짜 좋아해', 'LOVE' 등의 컬러풀한 스티커와 하트 마크가 가득한 편지를 주고받고, 항상 여자 친구들끼리만 어울린다. 텔레비전을 보더라도 화제에 오르는 것은 잘생긴 오빠가 아니라 걸그룹과 여배우 이야기다. 그녀들이 프린세스나 핑크, 드레스, 리본, 티아라, 긴 머리, 요정 등 반짝반짝하고 하늘하늘하며 예쁘게 꾸민 것을 선호하는 이유는 그것이 '여자아이'를 상징하는 것이기 때문이다. 2만 6천 점 이상의 굿즈를 선보이는 '디즈니 프린세스' 브랜드도 프린세스 영화에서 왕자님을 배제하고 프린세스만으로 세계관을 굳혔기 때문에 전 세계 소녀들의 마음을 사로잡을 수 있었다.

누구라도 자신이 어떤 존재인지를 인식하지 않고는 살아가기 힘들다. 어른들은 사회적인 입장이나 주위 사람들이 인지하고 있는 인격 또는 '털실로 심해생물을 뜰 수 있다'는 등의 특수한 기술로 자신의 정체성을 유지할 수 있다. 하지만 어린 아이들은 어른처럼 자아를 확립한 것도 아니고, 생물학적인 성의 차이에 대한 이해조차 불확실하다(그것이 평생 변하지 않는다는 인식조차도 없다). 그렇기 때문에 '성별을 상징하는 근사한 무언가'에 스스로를 동화시켜서 같은 성별을 가진 자들끼리 연대함으로써 정체성 확립을 향한 첫걸음을 떼는 것이다. 그런데 프린세스는 '여자아이'의 근사함을 시각적으로 구현한 존재이기 때문에 특별하다.

물론 이런 이유만으로는 프린세스 시기를 지난 여성들이 〈겨울왕국〉을 지지하는 것에 대해서 설명할 수 없다. 여자 초등학생부터 여대생, 회사원, 그리고 엄마들까지 거의 전 세대의 여성들이 열광했기 때문에 일본 전체를 흔드는 붐이 될 수 있었다.

Be the good girl you always have to be.
Conceal, don't feel,
don't let them know.

늘 그래왔듯이 착한 숙녀로 있으렴.
숨겨야 해, 감정을 누르고
누구한테도 알려서는 안 돼.

주제곡인 '렛잇고'의 원문 가사에는 부모에게 얼음을 다루는 능력을 감추라는 말을 듣고 자란 언니 엘사의 고

독이 묘사되어 있다. 이것은 영화 본편에서도 반복되는 중요한 메시지다. 노래 가사에 담겨 있는 억압은 엘사처럼 특수한 능력을 가진 사람이 아니더라도 많은 여성이 생활하면서 쉽게 느낄만한 것이다.

'하이디 · 하워드 실험'은 이러한 억압의 근원이 되는 편견을 분명히 보여준다. 실존하는 야심만만한 여성 사업가가 성공한 과정을 어떤 학생 그룹에게는 남성의 이름 '하워드'로, 또 다른 학생 그룹에게는 여성의 이름인 '하이디'로 각각 낭독하게 했다. 그러자 성별을 제외한 모든 정보가 같았음에도 불구하고 하워드는 바람직한 동료로 간주되었고, 하이디는 자기주장이 심하고 제멋대로여서 함께 일하고 싶지 않은 인물로 평가되었다. 단순하게 말하자면 남성의 경우에는 성공과 호감도가 비례하고, 여성의 경우에는 그 반대라는 결론이 나온 것이다.

여성이 이런 억압 속에서 사회에 나오기 위해서는 사람들에게 이상적인 여자라고 여겨지기를 그만두고, 격렬한 비난의 목소리를 무시할 수밖에 없다.

That perfect girl is gone.

I don't care what they're going to say.

Let the storm rage on.

이상적인 소녀는 이제 없어.
사람들이 뭐라고 하든지 이제 신경 쓰지 않아.
폭풍아, 몰아쳐라.

이 가사 안에는 억압에 대항하고 자신의 모든 것을 해방시킨 기쁨이 가득하다. 영화에서도 더 이상 능력을 감추지 못하게 된 엘사는 왕국을 뛰쳐나와 자신이 세운 얼음 궁전에 틀어박힌다. 아마도 여기까지는 많은 픽션에서 묘사해온 여성 해방극과 비슷할 것이다.

하지만 〈겨울왕국〉에서는 그 뒤에 여성이 나아갈 길을 제시한다. 엘사는 자신의 능력을 온전히 인정하고 사랑해주는 동성과 신뢰관계를 쌓고, 자기편을 늘린다. 그녀는 자아를 숨기는 것이 아니라 타자에게 도움이 되도록 컨트롤함으로써 자신이 있을 곳을 확보한다. 이것은 '페이스북'의 COO*까지 올라간 《린인*LEAN IN*》(2013년)의 저자 셰릴 샌드버그를 비롯해서 현대의 성공한 여성들의 공

* Chief Operating Officer, 최고 업무 진행 책임자

통된 행동방식이다. 성공한 여성들의 롤모델이 이제 디즈니 프린세스의 존재방식도 바꾸고 있다.

엘사가 왕국으로 돌아가는 엔딩에 대해서 일본에서는 "엘사 정도의 능력이 있으면 세계를 정복하면 좋았을 걸. 그 결말은 지나치게 타협적이다", "국민을 즐겁게 해주는 것에만 그치면 위대한 힘을 낭비하는 것이다"라는 평가도 있었다. 종래의 여성적(패시브)인 역할을 받아들일 생각이 없다면, 남성적(어그레시브)이어야 한다는 불만의 표현일 것이다. 하지만 여자아이들과 여성들은(어쩌면 젊은 남성도) 타인의 눈을 의식해서 자아를 숨기는 것, 그리고 타인을 신경 쓰지 않는 남성성을 자랑하기 위해서 공격적으로 사는 것 모두 잘못되었다고 느끼는 것이 아닐까? 〈겨울왕국〉의 엘사가 도달한 것은 〈요괴워치〉의 케이타처럼 타인을 긍정하면서 자기주장을 하는 어서티브한 삶의 방식이다.

형제간의 서열 싸움에서 이기기 위해서 공주를 얻으려는 한스 왕자와 대비되게 그려지는 태생이 고독한 크리스토프 또한 새로운 남성의 존재방식을 보여준다. 엘사가 만든 얼음 궁전을 본 크리스토프는 감격해서 "얼음 궁전이다. 눈물이 날 것 같아"라고 감정을 드러낸다. 이 '남자답지 않은' 언행에 대해서 안나는 "마음대로 하세요. (울어도 남자답지 못하다고) 평가하지 않을게요"라고 말한다. 용감하게 얼음에 맞서며 엘사와 싸우려고 하는 한스 왕자와는 대조적이다. 혹독한 자연환경 속에서 순록과 단짝 친구처럼 살아온 크리스토프는 다른 남성과 경쟁하거나 남성성을 과시하려고 하지 않는다. 순록과 당근을 나눠먹을 때도 순록을 먼저 먹이는 상냥함이 몸에 배어 있다. 왕가에서 태어난 안나를 대할 때도 저자세로 나오지 않고, 그렇다고 아주 거만하게 굴지도 않으며 항상 수평적인 태도로 대한다. 어머니의 극진한 보살핌을 받으며 자라지 않아서 정신적으로 자립해 있고, 여성에게 모성과 소녀성도 요구하지도 않는다. 감동을 솔직하게 보여주는 대신에 정서적으로 안정되어 있다. 일본의 남성 문화인에게는 '한심하다', '단순한 일꾼 취급을 받고 있는 게 아닌가' 하면서 안 좋은 평가를 받은 크리스토퍼지만 평상시에 '남자는 약한 생물이기 때문에 기분이 상하지 않게 적당히 띄워주면서 잘 이용하라'라고 듣고 자란 일본 여성에게는 틀림없이 듬직하게 보였을 것이다. 나는 크리스토프가 안

PINK

나를 보조하는 모습을 보는 동안에 "결혼을 할 거면 다이아 반지를 사주는 남자가 아니라 함께 리어카를 끌어줄 남자와 하라"는 만화가 사이바라 리에코 씨의 말이 머리에서 떠나지 않았다. 어쩌면 〈겨울왕국〉의 히트 요인은 국경을 뛰어넘어서 통하는 세상을 살아가는 아줌마의 지혜에 있는지도 모른다. 동성과의 연대밖에 흥미가 없는 여자아이들에게는 남성 캐릭터는 곁다리에 지나지 않았을지도 모르지만, 결코 "남자 따위는 필요 없어"라고 말할만한 영화는 아니다.

엄청난 히트를 기록한 〈겨울왕국〉과 〈요괴워치〉가 모두 어서티브한 남녀를 그리고 있다는 점이 흥미롭다. 물론 모든 것이 갑자기 변하지는 않기 마련이라 고전적인 남녀상은 앞으로도 반복적으로 묘사될 테지만, 이런 작품들이 화성인과 금성인 만큼 멀리 떨어져 있는 남녀의 거리가 언젠가는 가까워지리라는 희망을 품게 만든다. 온라인에서 처음으로 자아를 해방할 수 있었던 여성들은 언젠가 제대로 자기주장 하는 방법을 익힐 것이다. 전자기기를 좋아하는 남성들은 핑크색 아이폰(최신 기종 iPhone 6s/6s Plus부터 투입된 새로운 색상이다)을 조심스럽게 손에 들고 핑크를 자신의 것으로 즐기는 방법을 알게 될지도 모른다.

어느 날 아이들을 데리고 운동장 근처에 있는 공원에 놀러 갔을 때의 일이다. 연습을 끝낸 초등학교 여자 축구팀이 미팅을 하고 있었다. 트레이닝복을 입은 소녀들에게 젊은 남성 코치가 부드러운 어조로 차근차근 설명을 하고 있었고, 소녀들은 아주 진지하게 듣고 있었다. 내가 어린 시절에 봤던 호통만 치는 소년 야구팀 감독과는 완전히 다르다는 생각을 하면서 자전거 주차장을 봤는데 검은 바탕에 푸크시아 핑크, 민트 그린, 하늘색 등 초등학생 여자아이가 좋아할만한 색깔의 자전거들이 늘어서 있었다. 그중에 한 대는 전체가 파스텔 핑크인 귀여운 스포츠 사이클이었다. '저렇게 큰 자전거를 탈만큼 커도 파스텔 핑크를 좋아하는 여자아이도 있구나' 하고 생각하는 사이에 미팅을 끝낸 축구팀 아이들이 자전거로 향하기 시작했다. 마지막으로 파스텔 핑크 자전거에 탄 사람은 상냥해 보이는 젊은 남성 코치였다.

여러 가지가 조금씩 변하고 있다.

나가는 말

'엄마가 일하면 아이가 불쌍하다', '유모차를 가지고 다닐 거면 미안한 표정을 지어라', '엄마 주제에', '엄마니까' 이런 말들에 둘러 싸여 일본에서 육아를 하다보면 베이비 핑크의 감옥에 갇힌 것 같은 기분이 들 때가 있다. 그럴 때마다 아이들이 조용히 잠든 늦은 밤에 스마트폰을 더듬어 찾는다. 'Pinterest'라는 SNS를 통해 컬러풀하고 세련되고 설레는 해외의 육아 정보를 구경하기 위해서다. 남의 떡이 커 보여서 그런 건 아니지만 파스텔색의 과학 실험 장난감이나 여아용 조립식 장난감을 보고 있으면 이왕 아이가 있으니까 함께 즐거운 일을 하면서 지내고 싶다는 긍정적인 마음이 생긴다. 나중에 번역하게 된 《GEEK MOM》 원서도, 이 책에서 소개한 여아용 DIY 인형 하우스 '루미네이트'도 한밤중에 인터넷 서핑을 하면서 만난 것이다.

그래서 음악 리뷰 사이트 'ele-king'에서 연재 의뢰를 받았을 때도 '해외의 여아 문화를 대중문화처럼 접근하면 음악 팬들도 읽어주지 않을까' 하는 생각이 들었다. '댄스 플로어에서 신이 주신 달콤한 밀크&허니에 황홀해지는 것이나, 반짝거리는 핑크색 완구로 놀면서 들뜨는 것이나 마찬가지 아니야?(억지!)' 이렇게 해서 '핑크색으로 칠하라!-현대 여아의 반짝 데코 사정' 연재가 시작되었다.

기사를 쓰기 전에 문장가인 야마자키 마도카 씨가 《Pink Think: Becoming a Woman in Many Uneasy Lessons》(2002년)라는 서적을 소개해주셨는데 이 책에서 많은 도움을 받았다. 1940~1970년대의 미국인 여성들이 어떤 식으로 핑크와 함께 객체로서의 여성성을 주입받았는가를 조잡한 여성용 굿즈, 그리고 서적 인용과 함께 분석한 독특한 사회사 책이다. 핑크가 한 권의 책이 될 만큼 깊이 있는 주제라면 분명 연재할 내용도 많이 찾을 수 있을 거라는 생각을 했다. 이 책의 제1장은 두 권의 책에서 도움을 받았는데, 《Pink Think》와 복식服飾 사학자인 조 파올레티가 핑크와 블루로 대표되는 성별에 따른 의류 분화의 역사를 탐구한 《Pink and Blue: Telling the Boys from the Girls in America》(2012년)이다. 본서는 이 책들의 내용을 바탕으로 집필했다. 또한 성의 차이에 관한 과학적인 기술은 신경과학자인 리즈 엘리엇의 《여자의 뇌, 남자의 뇌－신경과학으로 보는 아이 양육법》(2010년)을 근거로 했다. 그리고 여자아이 양육과 미디어를 둘러싼 여러 가지 문제에 대해서는 레너드 색스의 《Girls on the Edge》(2011년)를 참고했다.

연재를 시작하고 얼마 안 되어서 '골디 블록스'가 〈걸즈Girls〉 프로모션 영상을 공개했다. 당시에는 '골디 블록스'가 이렇게까지 미국의 여아 문화를 변혁시키는 데 큰 힘이 될 거라고는 상상도 하지 못했지만, 핑크에 반격하는 소녀들의 모습에 두근거렸다. 10대 시절에 음악잡지를 읽으면서 상상한 대체 문화의 멋이 여기에 있었다. 이런 모습을 보면서 역시 지금 가장 활발한 변화의 움직임이 있으면서 흥미로운 것은 여아 문화의 변화라고 생각해서 책을 집필하기로 마음을 굳혔다.

핑크는 남자와 여자, 어른과 아이, 다양한 사람들의 욕망이 얽힌 복잡한 주제다. 그렇기 때문에 집필 도중에 몇 번이나 골머리를 앓았다. 이렇게 까다로운 주제를 내가 다뤄도 되는 걸까? 나는 젠더론 전문가도 아니고 복식사학자도 아니다. 사회학자도 아닐뿐더러 저널리스트도 아니다. 애당초 아카데미즘과는 털끝만큼의 인연도 없는 인생을 살아왔다. 그래도 핑크에 대해서 생각을 하다보면 쓰고 싶은 것이 차례로 떠올랐다. 알고 있는 지식을 출발점으로 쓴 전문서가 아니라도 '두 아이의 엄마이자 파견사원'이라는 평범한 일본 여성이 현실적인 다양한 문제에 부딪히면서 생각하고, 지식을 구하고, 해결책을 찾아가는 궤도 속에서 쓴 책이 있어도 좋을 거라는 생각을 했다. 관련 기사와 논문을 꾸준히 수집하면서 아이들이 잠든 시간대를 이용해서 조금씩 써내려갔다.

미국에서 홀리데이 시즌을 겨냥해서 패션인형을 비롯한 여아용 완구가 이공계화되는 큰 흐름이 생겨난 덕분에 책의 골자를 굳힐 수 있었던 것은 행운이었다. '나가는 말'을 쓰고 있는 지금도 미국의 마텔사가 새로운 바비인형으로 통통이와 길쭉이, 아담이라는 세 종류의 현실적인 체형을 더한다는 소식이 들려온다. 2016년 1월 말인 지금, 바비 공식 사이트의 메인 화면은 핑크를 자제하면서도 컬러풀하고, 인종과 체형의 다양성을 의식했다는 사실을 알 수 있다. 옛날에 함께 일하던 교포 출신 여자 동료가 “오스트레일리아였다면 여기서 10킬로는 더 나가도 괜찮을 텐데” 하고 중얼거리면서 다이어트를 하던 모습이 떠오른다. 여자가 겉모습에만 신경 쓰지 않게 하는 세상이 빨리 오기를 바라지 않을 수가 없다. 핑크는 귀여운 색이지만 여성들을 모두 똑같은 핑크색 틀에 몰아넣는 세상은 재미가 없다.

이 책을 집필하면서 좀처럼 진도가 나가지 않던 나를 끈기 있게 기다려주신 서적 편집 담당자 오오쿠보 준 씨, 그리고 연재를 할 때 설명이 부족한 부분을 지적해주시고 다방면으로 도움을 주신 ‘ele-king’의 하시모토 유호 씨께 신세를 많이 졌다. 이 자리를 빌려서 두 분께 감사의 말을 전하고 싶다. 연말연시 휴일에 대청소도 하지 않고 책 집필에만 몰두해도 불평 한마디 하지 않고 집안일을 대신해준 자상한 남편, 집필의 소재를 제공해준 딸들에게도 진심으로 감사하다. 지친 내가 원고를 넘기지 못할 것 같아 다급해하고 있을 때 둘째 곁에 있어준 애니메이션 〈요괴워치〉에 감사의 말을 전하는 것도 빠트리지 말아야 할 것이다.